JN411308

윤상근 산문집

# 꿈속의 꿈

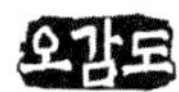

오신 곳으로 돌아가신 어머니의 영전에

이 책을 바칩니다.

꿈속의 꿈

지은이 • 윤상근

펴낸이 • 강옥현

주　간 • 양재일

발행처 • 도서출판 오감도

초판인쇄 • 2022년 12월 26일

초판발행 • 2022년 12월 28일

전화 070-7778-2591 010-3206-2591

팩스 (031) 775-0161

출판 등록일 • 일제 10-1651(98. 10. 15)

서울시 중구 을지로3가 268 유일빌딩 604호

ISBN 978-5698-417-9 03810

값 12,000원

## ✍ 저자의 말

어머니 돌아가신 지 백 일이 되어갑니다.

아직도 하루에 몇 번씩 아쉬움의 기억이 떠올라 괴롭고 그 상실감이 큽니다.

처음 책을 낸다고 했을 때 별 말은 없으셨지만 자랑스럽게 생각하신 것을 압니다. 기대가 크셨겠지요. 그런데 횟수가 더해질수록 가족의 치부까지 드러내는 수필을 보고 자존심에 상처를 입으셨습니다.

당신은 끝까지 집에서 보살핌을 받으리라 믿고 계셨는데, 요양원으로 모신 것에도 상처를 입으셨습니다. 어떻게 용서를 빌지 모르겠습니다.

소설가가 되고 싶었는데 되지 못했습니다. 그동안 써 놓았던 몇 개의 소설을 보니 지금도 얼굴이 붉어집니다. 더 노력해야 했는데, 치열하지 못했던 삶이 부끄럽습니다. 그래도 미련이 남아 짧은 소설 하나를 남겨 실었습니다.

지나간 세월을 생각하니 꿈 같기만 합니다. 일장춘몽, 인생이 꿈이라는데 꿈속에서 나는 감동을 주는 좋은 글을 쓰고 싶다는 꿈을 꾸고 있습니다. 책을 내면 부끄러움이 앞서는데 왜 이런 일을 반복하는지 모르겠습니다.

제목을 '꿈속의 꿈'이라고 정하고 손자에게 표지 그림을 부탁했습니다. 내 글을 본 적이 없는 그 애는 책 내용이 뭐냐고 물으며 당황하더군요. 수필이니 내용이 다양하다고 했더니 사진 같은 그림을 보내왔습니다. 먼 이국에서 컴퓨터 애니메이션을 공부하는 그 아이는 꿈속의 꿈이란 말에 외갓집에서의 한때를 생각했나 봅니다. 신경 써 그려준 그림에 감사할 뿐입니다.

다섯 번째로 부끄러움을 담아내는 책입니다. 언제쯤 글 앞에서 당당해질 수 있을지. 이루지 못할 꿈을 안고 계속 정진할 뿐입니다.

## 제1부

## 제2부

## 제3부

## 제4부

## 제5부

# 제1부

## 폐선廢船

거리에는 사람들이 넘쳐났다.

친구와 점심을 먹고 서너 개의 전시장이 모여 있는 건물로 들어섰다. 바람에 날리는 팜플렛들이 나를 봐 달라고 울부짖고 벽은 간판으로 꽉 찬 거리, 인사동에서 만났으니 수다만 떨다 헤어지기 섭섭하다고 해서 들른 곳이다.

자그마한 전시장에 만발한 꽃을 주제로 한 전시회를 보고 잠깐 마음까지 밝아졌다. 그러나 축하 화분에 가려 꽃 그림의 아름다움이 약간 퇴색한 기분도 들었다. 다음 전시장으로 들어갔다. 큰 기대 없이 한 군데만 더 보자고 들른 옆 전시회장이다.

꽃 주제의 화사한 분위기와 달리 한적했다. 같은 유화인데도 추상화 같기도 하고 풍경화 같기도 한 제법 다양한 그림들 중에 배 한 척이 눈에 띄었다. 바닷가 마을의 한 귀퉁이 모래밭에 반쯤 엎어진 채 내던져진 그림의 제목은

'폐선'이었다. 아름답지도 않고 칠이 다 벗겨져 낡을 대로 낡아 보이는 배가 왜 내 시선을 끌었을까. 감동과는 다른 끌림이다. 그 배는 이제 다시는 바다에 나가지 못 하리라. 그 옛날 바람을 타고 마음껏 내달렸을 돛은 간데없고 닻만 구멍이 뚫린 배 옆에 쓰러져 있다. 배의 구실은 이제 끝났다고 생각하자 집에 계신 노모가 생각난 것이다

올해 구십삼 세가 되신 우리 어머니는 상노인이다. 상노인의 하루 일과는 느지막하게 일어나 아침을 드시고 TV를 켜 놓은 채 한잠을 주무시고 오후 한 시 넘어 점심을 드신다. 그리고 저녁때가 되어 식사를 하시라고 하면 지금이 아침이냐 저녁이냐 물으며 방에서 나와 진지를 드신다. 그렇게 삼시세끼를 챙겨 드시는 것이 내게는 의문이고 감탄이다. 움직이지도 않는데 소화가 되시는지 의문이고 소화가 되니 그렇게 드시겠지 감탄스러운 것이다.

작년까지만 해도 손과 무릎으로 기어 다니시다가 이제는 방에서 나와 식탁이 있는 곳까지 휠체어를 타신다. 기다가 엉덩이로 밀고 다니다가 휠체어에 길드신 것이 얼마 전이다. 귀는 점점 안 들려 보청기를 끼어도 이제는 절벽에 가깝다.

삼 년 전까지만 해도 수필집을 읽고 누구 글이 괜찮다느

니, 어느 잡지가 수준이 높다느니, 비교 평가를 하시던 분이다. 작년까지도 퍼머와 염색을 하러 미장원에 가기 위해 기어서 차에 올라 나를 지치게 하던 분이다. 이제는 기어서도 계단을 못 내려가니 할 수 있는 일이 자는 일과 TV 시청뿐이다. 그래도 정신은 말짱하다. 올 설에 증손자들이 왔을 때는 휠체어에 타거나 기어 다니는 모습을 보이고 싶지 않다고 하셔서 동생과 내가 양 겨드랑이를 부축해서 들다시피 잡고 마루로 나와 소파에 앉아 세배를 받으셨다.

겨울, 해 짧은 저녁에 식사를 하시라고 방문을 연다. 정신없이 주무시는 모습에서 그 옛날 동네 사진관의 쇼윈도에 걸려있던 젊은 어머니의 웃는 모습은 어디에서도 찾을 수 없다. 삭을 대로 삭은 몸을 구부리고 누워있는 모습에 가슴이 섬뜩하다. 내 최후의 모습을 보는 것 같기도 하다. 평소의 원망과 불통에서 오는 미움은 까맣게 잊어버리고 늙음에 대한 연민이 절절히 솟는다.

언제인가 가야 할 곳에 도달한 폐선은 이제 그 기세등등한 옛날의 배가 아니다. 볼품없이 그냥 내던져진 채 모래위에 처박혀 있다. 그러나 그 배는 젊은 날의 어머니를 상기시키고 강렬한 존재감으로 내 눈을 끌어당기고 있었다.

# 빈방

'저 나가요.'

던지듯이 한마디 하고는 누가 쫓아 올세라 얼른 방문을 닫는다. 그러면 현관 중문을 열기도 전에 어머니가 머리만 내밀고 말씀하신다. '얘, 그 옷은 너무 칙칙하다.' 아니면 '그 모자는 안 쓰는 게 낫겠다.' 그럴 때 나는 요즈음 애들 말로 뚜껑이 확 열린다. 아니면 뒷목을 부여잡아야 한다. 칠십이 다 된 나이에 이런 참견을 듣고 사는 사람이 또 있을까. 어머니의 말을 무시한다고 하면서도 현관에 걸린 거울을 보고는 기분이 잡쳐 옷을 바꾸어 입거나 모자를 벗고 나선다. 여자가 모자를 쓸 때는 멋으로 쓰기도 하지만 내 경우에는 머리가 엉망일 때 쓰는데, 썼던 모자를 벗고 헝클어진 머리를 하고 그냥 나서려니 기분이 좋을 리가 없다. 어머니에게는 아무 말 못 하고 씩씩거리며 집을 나서서 생각한다. 노인이 좀 노인답게 어리숙하고 당신을 내세우지 않으면 얼마나 좋겠는가.

걷지 못하고 휠체어에 의지하신 지 2년이 되어간다. 다리 힘이 점점 약해지니 이제는 휠체어에 혼자 올라가는 것도 힘에 겹다. 그래도 식사 시간에는 시간이 얼마나 걸리던 혼자 휠체어를 타고 스스로 밀면서 식탁까지 오셨다. 정신이 명료한 것은 여전했다.

93세의 겨울이었다. 요양사가 어머니 가슴 밑에 무엇이 났다고 한다. 살펴보니 대상포진이 분명한 발긋발긋한 발진이었다. 평소 어머니가 다니셨고 지금도 복용하는 약을 처방해 주는 의사에게 증상을 얘기하고 약을 지어왔다. 그런데 약을 드신 지 하루 만에 의식불명 상태가 되었다. 사흘 동안 이미 돌아가신 분을 찾고, 또 누구를 만났다고 헛소리를 하신다. 칠십여 년 동안 처음 겪는 일에 혼비백산했다. 구십이 넘으셨으니 돌아가실 때도 되었다는 말은 완전히 머릿속의 생각일 뿐, 실제로 위독하다고 생각되니 덜컥 겁부터 났다.

약을 바꾸고 사흘이 지나자 다시 정신이 돌아왔다. 생에 대한 변함없는 관심과 애착은 돌아왔으나 몸은 가끔씩 말을 안 듣기 시작했다. 혀가 말려 올라가듯이 말이 안 나온다고 무슨 말인지 모를 말을 하신다. 요의를 느끼고 화장실에 가기 전에 이미 옷을 적시는 일이 잦아졌다. 그러면서도 기저귀를 차는 것은 꿈도 꾸지 않으셨다. 당신은 그런 사람들과 다르다는 일말의 자존심을 내세우는 것을 볼 때마다 새삼 늙음에 대한 연민이 차오른다.

'기저귀를 찰 정도가 되면 집에서 못 모셔요.' 일 년 전 이 말을 처음 했을 때만 해도 언제일지 모르는 미래의 이야기였다. 그런데 일 년을 못 넘기고 실제상황이 되었다. 무너지지 않으려고 굉장히 애를 쓰시는 것이 눈에 보였지만 육체의 몰락은 마음대로 되는 것이 아니었다. 어쩔 수 없이 그런 일이 반복되니 요양원 이야기가 나왔다. 요양원은 정신이 맑았던 어머니에게는 2년 전만 해도 금기어였던 단어다. '안 간다.' 요양원 소리를 처음 듣고 어머니가 하신 말씀이다. 그리고 덧붙였다. '나는 그냥 이 집에서 죽을란다.'

나는 일 년을 버티고 망설이다가 고관절 수술을 받기로 했다. 내 몸도 주체하기 어려울 테니 요양원으로 모시기로 했다. 수술 날짜가 다가올수록 극심한 혼란을 느꼈다. 칠십 평생 한 몸처럼 살았던 어머니의 존재를 내게서 떼어놓겠다는 생각은 나를 불안하게 만들었다. 그토록 원했던 벗어남과 자유를 갑자기 얻게 되면 어떨까. 상상 속에서는 간절

했던 마음이 실제가 된다고 생각하니 달려드는 해일 앞에 마주 서 있는 느낌이다. 실감이 안 되는 두려운 일이었다. 요양원 앞에서 안 들어간다고 발버둥치는 어머니를 어떻게 할 수 있을까 하는 생각만으로도 잠을 이룰 수 없었다.

예약한 수술 날짜가 한 달여 남은 어느 날 아침, 화장실에 가신 어머니가 나를 부른다. 문을 여니 변기에서 내려와 계셨다. 그리고는 '내가 못 일어나겠어'라고 하신다. 내 생애 처음으로 어머니의 눈에서 애원의 눈초리를 보았다. 119를 불렀다. '몸이 너무 쇠해지셨으니 영양제 주사라도 맞자'고 해서 병원으로 모시고 갔다. 집 근처에 있어서 이것저것 알아본 요양원에서 필요한 서류를 말해 주었고 여러 가지 검사를 했다. 코로나19 검사까지 몇 시간에 걸친 검사를 끝내고 콜밴을 기다리는 사이 요양원 이야기를 꺼냈다. 어머니는 싫다는 표현을 하셨지만 휠체어를 탄 몸으로 저항은 하지 못했다.

침대가 있는 콜밴을 타고 누운 채로 요양원으로 갔다. 차에서 내리자 그대로 침대를 밀고 요양원 2층으로 올라가 요양원 침대에 앉혀드렸다. 걷지 못하니 그대로 요양원에 갇히셨다. 몇 마디 대화를 나누고 남편과 도망치듯이 그곳을 빠져나왔다.

이 집을 지었을 때부터 어머니가 계시던 방이 빈방이 되었다. 나는 가끔 '에미야!' 부르는 소리를 듣고 방문을 열어본다. 빈 동굴 같은 적막한 기운이 내 등골을 훑는다. 아무것도 버리지 않고 그대로인 방에 어머니만 없다.

# 용서

'내일은 꼭 집에 가야 하니 데리러 와라.'

요양원으로 가신 후 거의 매일 이런 전화가 왔다. 당신이 쓰던 전화를 갖다 드렸기에 말릴 수도 없었다.

얼마나 망설이고 망설였던 일인데, 가시는 일은 전격적으로 이루어졌다. 그날 아침에 화장실에서 주저앉으신 후에 구급차를 불러 병원으로 갔다. 영양제 주사라도 맞자고 간 병원에서는 코로나19 검사니 뭐니 해서 영양제는 맞지도 못했다. 그리고 이렇게 꼼짝 못 하시면 집에 있기는 어렵다고 하면서 그동안 구두로 약속을 했던 집 앞 요양원으로 모셔갔던 것이다. 병원 마당 한 구석, 휠체어에 앉아서 남편과 나의 요양원 얘기를 듣는 어머니의 참담한 표정이 내내 마음에 걸렸다.

요양원으로 가신 분들은 처음에 다 집으로 돌아오겠다고 한단다. 언제쯤이면 그런 말을 안 하느냐고 물었더니 대개

3개월은 걸린다고 했다. 그런데 어머니는 일 년 반이 넘도록 그러셨다. 나중에는 하루에 열 번도 넘게 전화를 하고 차차 말이 어눌해져서 의사소통이 안 될 때까지도 면회를 가면 집에 오고 싶다는 의사 표시를 하셨다.

당신은 꿈에도 생각지 않은 요양원행이 전격적으로 이루어진 것에 대해 배신감을 느끼셨을 것을 알기에 나도 마음이 괴로웠다. 다행히 집 근처에 새로 생긴 요양원이었기에 자주 가서 면회를 했다. 그런 중에 코로나19가 심해져 면회도 여의치 않아졌다. 면회는 하지 못해도 자주 요양원에 들러 안부를 묻고, 전화도 했는데 그때마다 '잘 드시고 계시다'는 말에 안심이 되었다. 평소에도 잘 드시는 편이었으니 그래서 잘 버티고 계시나보다 위로를 받았다.

그런데 코로나 시대가 저문다는 말이 나오는 시기에 갑자기 어머니가 코로나 양성 판정을 받았다고 한다. 그리고 다음날 요양원에서 바로 확진자 병원으로 가셨다. 남편과 나는 내비게이션을 켜고 집에서 한 시간 거리의 확진자 병원을 찾아갔다. 그러나 쇠줄로 막힌 병원의 입구는 들어가 보지도 못하고 그냥 돌아올 수밖에 없었다.

일주일 후 퇴원하는 날, 다시 그 병원으로 갔다. 구급차에 실리기 전에 손을 한 번 잡아보고는 그 길로 구급차는 요양원으로 떠났다. 우리도 요양원으로 갔으나 먼저 도착한 구급차에서 내려 방으로 가신 어머니를 뵐 수는 없었다. 면회 불가였다.

다시 일주일이 흘렀다. 전에는 어머니 안부를 물으면 '잘 드신다'고만 했던 요양원에서 '잘 못 드신다'는 말이 나오기 시작했다. 확진자 병원에서 목이 상했는지, 아니면 후유증인지 전혀 삼키지를 못하신다는 것이다. 일주일째 아무것도 못 드시는데 열이 난다고 요양원에서 갑자기 병원으로 모시고 가겠다는 연락이 왔다.

병원으로 가서 중환자실에 계신 어머니를 뵙고 입원 수속을 하였다. 병실을 배정받아 입원실로 올라가서 환자복으로 갈아입혀 드렸다. 일 년여 전부터 의사소통은 거의 되지 않았다. 그래도 찾아가면 알아보기는 했고 무언가 알아들을 수 없는 말을 하기는 하셨는데 이제는 눈만 뜨고 있을 뿐이다. 나를 보고도 물끄러미 바라볼 뿐이다. 어떤 생각을 하시는지, 아니면 나를 알아보기는 하는가조차도 알 수 없다. 내가 손을 잡고 비벼도 무표정이다. 그런데 갑자기 내 눈을 쳐다보며 정확한 발음으로 '미워' 하신다. 온몸의 피가 내게서 빠져나가는 느낌이다. 진짜 말이었을까. 믿기지 않지만 내가 들은 말이 분명하다. 나는 얼떨결에

'나는 하느라고 하는데 왜?' 했다. 그리고는 아무 말도 할 수 없었다.

충격이었다. 어머니가 나를 미워하리라고는 생각해 본 적도 없었다. 아이들을 맡기고 자유롭게 외출할 때 나는 좋았고, 할머니로서 집안의 어른 노릇을 하는 어머니는 나름 보람을 느끼신다고 생각했었다. 서로 부딪히는 부분도 많았지만 인생을 살아오면서 어머니와 나는 우군이라고 생각해왔다. 24세에 혼자 되신 어머니의 일생, 그런 어머니에게 효도해야 한다는 압박감에 휘둘려 살아온 나의 인생도 힘들었다. 몇 마디 말로 다 할 수 없는 진한 앙금이 내게도 남아있지만 나는 생의 마지막을 향해 가고 있는 어머니의 지난 행위를 모두 용서한 지 오래다. 평소의 무표정으로 돌아간 어머니에게 콩이야 메주야 따질 수는 없었다. 귀가 안 들리는 어머니에게 말은 소용이 없었고 이제와 그런 것을 따지고 싶지도 않다.

내게는 어머니의 용서가 필요하다. 칠십오 년을 같이 살아놓고도 '미워'라는 말로 마지막 마무리를 해야 하는 사이가 된 것이 못내 가슴 아프다.

# 나의 6.25

내년이면 70주년이 되는 6.25, 한국전쟁이 시작된 날이다. 해마다 이날이 되면 잊지 말자고 나팔을 불듯이 시끄럽다. 그리고 세월이 흐르듯이 잊혀져 간다.

6.25전쟁이 일어난 날, 그날은 일요일이었다고 한다. 어머니는 점심을 위해 장을 보러 나갔는데 장터에서 전쟁이 났다는 소리를 듣고 허겁지겁 집으로 돌아왔다. 군인이었던 아버지는 집에서 쉬고 있었는데 급히 귀대하라는 통보를 받고 서둘러 부대로 돌아갔다고 한다. 그리고 그것이 마지막이었다. 그해 12월에 소위였던 아버지는 춘천 어디 에선가에서 전사하였다.

세 살이었던 나와 백일이 며칠 안 남은 아기였던 동생은 그날 아버지와의 마지막을 기억하지 못한다. 동생은 아버지라는 말을 알지도 못했고 재롱깨나 부렸을 나도 그날 이

후 아버지라는 말을 잃었다.

아버지라는 단어는 내게 무척 생소하다. 그날 이후 우리 집에서 금기어는 아니었으나 불러본 적이 없었고 내게는 존재하지도 않는 분이었으니 말이다. 아버지 없이도 우리는 그냥 잘 살았다. 처음부터 안 계셨으니 부족함도 몰랐고 그리움도 몰랐다.

어머니와 여동생과 나, 여자 셋이 살면서 남자란 귀한 존재라고 생각했다. 그렇지만 사춘기 시절 한때 나는 아버지 또래의 모든 남자들을 증오했다. 나의 아버지는 전사했는데 멀쩡히 살아있는 그들이 미웠다. 목숨을 바쳐 싸웠다는 것이 자랑스럽기는커녕 살아있다는 것이 부럽고 대단하다고 생각했다. 죽은 사람만 불쌍한 것이다.

아버지가 안 계시니 더 바르게 살아야 한다는 생각으로 젊은 날을 보냈다. 좀 더 자유분방하게 살고 싶었지만 아비 없는 자식이라는 시선을 피하고자 내 인생의 폭을 좁혔는지도 모른다. 그래서 정서가 결핍되었고 냉정하게 사물을 바라보는 것이다.

언젠가 아버지와 친분이 있었다는 친척 아저씨를 만났다. 그분이 아버지 이야기를 하기에 내가 물었다. '어떤 분이셨어요?' 그런데 그는 회상에 잠긴 눈빛으로 '부잣집 막내도련님이었지.' 했다. 내가 기억하는 아버지에 대한 대화는 이것이 처음이고 마지막이었다. 어떤 분이었을까에 대한 궁금증은 이것으로 알 수 없었다. 할머니도 고모도 우리를 보면 애틋하기만 해서인지 아버지 얘기를 한 적이 없었다.

그는 무슨 꿈을 가지고 있었고, 가족을 얼마나 사랑했으며, 무슨 음식을 좋아했고, 취미는 무엇이었을까. 이제는 아버지에 대해 얘기해 줄 수 있는 사람은 아무도 없다. 나는 그에 대해 아무 것도 모른다. 자식에게조차 낳아주었다는 것 외에 아무런 의미를 남기지 못하고 젊었던 한 남자는 그렇게 스러져 갔다.

시어도어 페렌바크라는 미국인이 쓴 '이런 전쟁'이라는 책에서 6.25전쟁은 전쟁에 대한 미비未備, 전쟁상황에 대한 오판誤判, 3차 세계대전에 대한 공포가 만든 기묘한 전쟁이라고 했다. 그리고 준비가 되어있었다면 6.25전쟁은 일어나지 않았거나 발발했더라도 신속하게 종료되었을 것이라고 했다. 그 시대를 함께 한 사람들에게는 참으로 통탄할 일이다.

전쟁을 겪은 한국이 지금은 엄청나게 잘 사는 나라가 되었다. 전쟁의 폐허에서 나라를 일으켜 세운 사람들, 그 사람들은 살아남은 사람들이다. 그렇다면 죽은 사람들은?

70여 년의 세월이 흘렀다. 의미 없이 사라져갔다고 생각했던 그들에게 고마움을 전하고 싶다. 그들의 죽음이 있어 살아남은 사람들이 있었다는 사실, 아버지를 모르고 자라난 아이들이 있어 아버지를 가진 행복한 아이들이 있었다는 사실을.

## 축제

시어머니가 돌아가신 지 삼십여 년이 되었다. 작은 체구에 위하수증이 있어서 식사를 잘 못 해 고생하시던 생각이 난다. 그런데도 거의 매일 절에 가셔서 법문을 들으시니 자식들에게 큰 짐이 되지는 않으셨다. 식사를 거의 못 하시는 날이 많아져서 어느 날 병원에 갔는데 위암이라는 진단이 나왔다. 자식들은 위하수가 심해져서 그런 것이라고 병명을 속였으나 곧 자리를 보전하신 후 일어나지 못하셨다. 그리고 3개월 후에 돌아가셨다. 그 당시 어머니는 83세였고 또 자식들이 모두 살아있었으니 호상이었다.

막내며느리였던 나는 자주 큰집으로 위문을 갔다. 그러나 지금 생각해 보면 형님에게 큰 도움이 되지는 못한 것 같다. 나름대로 차 심부름이라도 하겠다고 갔으나 모시고 있는 형님의 입장에서는 또 하나의 객식구였을지도 모른다.

운전면허를 딴 지는 오래되었으나 차를 운전할 일이 없었다. 그러다가 어머니를 뵈러 갈 때 대중교통을 이용하기는 애매한 길이라 운전을 하고 갔다. 초보운전으로 멀지 않은 길을 진땀을 흘리고 갔던 일이 생생하다.

큰댁에 가면 대개 누군가가 병문안을 와 있었다. 시이모님도 계셨고 시누이들이 있을 때도 있었다. 아니면 여러분들이 같이 계실 때도 있었다.

나는 도착하면 우선 어머니가 누워계신 방으로 가서 인사를 했다. 그러면 어머니는 내게 물으셨다. '똥 색깔이 어떠냐?'고. '검지 않으냐?'고. 나는 그 말이 무슨 뜻인지 모르면서도 '아니다'고 했다. 변이 검은색이 되면 어떻게 되는 것인지, 또 어느 정도의 색을 검다고 해야 하는지 나는 몰랐다. 그런데 돌아가실 즈음이 되자 변 색깔이 진짜 염소똥같이 새카맣게 되었다. 그때에는 이미 어머니는 변 색깔이 어떤지를 신경 쓰실 수 없는 상태가 되었다. 의식은 있었으나 표현을 할 수 없을 만큼 기운이 사그라들고 있었다. 가끔 어머니는 방에 누워서 죽음의 나락을 향해 가고 있는데 거실에 앉아 옛날이야기를 하며 즐겁게 웃어대는 사람들을 보면 그래도 되는 것일까 혼자 생각하곤 했다.

돌아가시고 장례식을 어디서 할까 하는 문제로 형님들

간에 의견이 설왕설래했던 것으로 기억한다. 지금은 당연히 병원 장례식장을 이용하는 문화가 정착되었지만 삼십여 년 전, 그때만 해도 집에서 장례를 치르는 문화가 남아 있었다. 병원 장례식장을 이용하면 자식들의 성의가 부족하다는 느낌도 있었고 돌아가신 분에 대한 대접이 소홀하다는 느낌도 남아 있었다. 그래서인지 어머니의 장례식은 집에서 치르기로 했다.

오십여 평의 아파트가 좁아 공용주차장에 십여 개의 차일을 펴고 문상객들을 맞았다. 자식들이 5남매나 되고 어머니가 9남매의 장녀였기에 문상객이 넘쳐났다. 여 상제들은 모두 흰옷을 입고 아파트 아래위를 오가며 음식들을 접대하느라 바빴다. 그 후 일 년도 안 되어 세태는 빠르게 변하여 병원에서 장례를 치르는 일이 대세가 되었다. 가끔 그때 정신없었던 일을 되살려 공연한 고생을 했다고 말하는 사람도 있었으나 나는 다르다.

서툰 운전에 진땀을 흘리면서도 아파트 담장에 핀 빨간 장미들에 넋을 잃었던 6월, 공용주차장에 펼쳐진 하얀 차일 사이로 아롱아롱 빛이 쏟아지고 팽이처럼 사람들이 왔다 갔다 하던 모습이 사십대 초반의 내게는 잔치 같았던 환영으로 남아있는 것이다.

큰 시누님의 폐암 소식이 전해졌다. 그 소식을 듣는 순간 나는 아! 이제는 우리 차례구나 하는 생각이 들었다. 한 세대 전, 객관적인 시각으로, 축제같이도 느껴졌던 죽음의 순간이 이제는 우리 세대의, 나의 일이 되었다.

주관적인 관점에서 보니 형제들이나 나의 죽음은 아무리 생각해도 잔치같이 느껴지지가 않는다. 다음 세대의 자식들 중에 혹시 그런 생각을 할 수 있을지는 모른다. 우리 세대가 너무 오래 살아 자식들이 머리를 절레절레 흔들다가 죽으면 부담감이 사라질지는 모르겠다. 그러나 다닥다닥 붙어있는 장례식장의 한 칸을 빌려 잘 알지도 못하는 사람들까지 와서 밥 한 끼 먹고 가는 일이 축제일 수 있을까.

올해는 코로나19까지 번져 직계가족만의 쓸쓸한 장례를 치른 경우도 많았다. 이렇게 간소화되다 보면 장례식은 죽음이라는 단어에 걸맞게 어둡고 칙칙한 행사일 뿐이다. 공空으로 돌아가는 죽음에 무에 그리 큰 의미를 부여할까 마는 소멸하는 인생을 위로하러 가는 길에 피었던 눈부시게 빨간 장미, 스러져가는 목숨 옆에서 깔깔거리며 웃던 사람들의 추억까지, 축제라는 생각을 했던 나의 철없음이 지금은 그리워진다.

# 베토벤을 만나다

찰랑거리는 귀걸이를 하고 싶었는데 못하고 살았다. 몸에 상처를 내기 싫다고 귀를 뚫지 않았기 때문이다. 죽을 때까지 내 몸을 잘 보존할 것이라고 생각한 것도 지나고 보니 아만我慢이었다.

영원히 생생할 것만 같던 몸이 나이가 드니 하나 둘 망가진다. 고관절 수술을 했고 손을 많이 썼다고 손목이 아프기도 하고 예고 없이 오십견이 생기기도 한다. 각자의 개성에 따라 아픈 부위가 틀리기는 하지만 대체로 약한 부분이 먼저 발병이 된다.

비교적 건강하다고 자신하던 내가 TV에서 하는 말소리를 잘 알아듣지 못하게 되었다. 아나운서의 말소리까지 정확하게 들리지 않으니 발음이 시원치 않다고 그들을 나무랐는데, 실은 내 귀에 이상이 온 것이었다. 발음만 부정확하게 느껴지던 것에서 차츰 소리까지 안 들리게 되었다.

남편은 유난히 귀가 밝다. 나는 전혀 안 들리는 소리도 그는 잘 듣는다. 내가 들을 정도면 그는 시끄럽다고 머리를 저으니 TV를 같이 볼 수가 없다. 그 뒤로 가정의 평화를 위하여 나는 자막이 나오는 방송만 볼 수밖에 없다. 그래서 드라마는 아예 보지 않는다. 자막을 많이 넣는 오락 프로그램이나 자막이 나오는 외국영화, '청각장애인을 위한 자막방송 중입니다'라고 하는 뉴스를 주로 본다.

나는 읽기를 좋아한다. 그리고 음치이다. 그렇기 때문에 눈과 귀, 두 가지 중 택하라면 당연히 눈을 택하겠다고 생각한 적이 있었다. 지금도 매일 신문을 한 시간 이상 꼼꼼히 읽고 책이나 인쇄물 등 읽는 데만 두 시간 이상 눈을 쓴다. 자막이 나오는 TV를 보려 해도 눈은 중요하다. 눈도 많이 쓰면 사물이 아른거리니 시간 배분을 잘해야 한다.

귀가 안 들리다 보니 보통 불편한 것이 아니다. 언젠가 100세가 되신 김형석 교수가 어느 강연장에서 기다리는 동안 젊은 여직원이 옆에서 소리를 낮추어 소곤소곤 이야기를 하는데 못 알아들어 괴로웠다고 쓴 글을 보았다. 그분은 물론 보청기를 끼고 계셨을 것이다. 나도 귀가 약해지고 보니 낮은 소리로 조근조근 얘기하는 사람이 제일 싫다.

눈이 안 좋으면 안경을 끼고 귀가 안 좋으면 보청기를 쓰면 된다. 그런데 보청기는 모든 소리를 크게 하기 때문에 여러 사람이 모이는 식당 같은 데서는 전쟁이 난 것같이 시끄러워 정신이 없다. 강의를 들을 때는 효과가 있지만 집에서는 수돗물 내려가는 소리가 폭포 소리 같고 슬리퍼의 찰싹이는 소리가 우레같이 커서 쓰기가 불편하다. 눈이 안 좋아 안경을 끼는 것과는 달리 불편한 점이 한두 가지가 아니다.

머릿속에 들어앉은 회색 구름이 비를 뿌리기 시작하자 웅덩이에 갇힌 나날이 시작되었다. 그렇게 허우적거리던 어느 날 꿈을 꾸었다. 나는 날아가야 하는데 뛰지도 못하고 서 있었다. 꿈속에서도 나는 이제 뛰지 못한다는 것을 알고 더 이상 마음대로 움직이지 못하는 몸 때문에 눈물이 쏟아졌다. 깨고 나니 현실이 더 절망적이다. 절망과 비애에 빠져 있는 그때 갑자기 그가 생각났다.

베토벤, 그가 죽기 몇 해 전 53세에 초연된 제9 교향곡 합창이 끝났을 때 지휘자였던 그는 객석의 모든 사람들이 일어나 치는 박수소리를 들을 수 없었다. 옆의 사람이 그를 돌려세워 극장이 떠나가도록 환호하는 모습을 보고서야 그는 비로소 교향곡의 성공을 알 수 있었다. 이 이야기를 처음 글로 읽었을 때의 그 감성이 어디에 숨어있었을까. 어렸을 때였는데도 가슴이 벅차오르는 감동을 느꼈었다. 음악을 하는 사람에게 귀가 안 들린다는 것은 상상도 할 수 없는 일이다. 그런 그를 생각하니 나는 부끄럽기까지 했다.

어려움을 딛고 성공한 사람들의 이야기는 많다. 그런데 나는 왜 그때 헬렌켈러가 아니고 베토벤을 생각했을까. 그가 위대한 업적을 남겼기 때문이리라. 나중에 다른 글을 읽었는데 그 음악회 때 그는 지휘자가 아니었다. 그는 지휘자 옆에 자리를 잡고 악보를 보면서 연주가 제대로 진행될 수 있도록 연주에 맞추어 악보를 읽어가고 있었다고 한다. 악장이 끝날 때마다 한 남자가 다가가서 어깨를 건드리고 청중석 쪽을 보게 하자 그는 박수치는 모습과 손수건이 휘날리는 광경을 보고 감사의 표시로 머리를 숙였다고 한다.

그날 이후 나는 간간이 그를 생각하고 늙어감에 넘어지려고 할 때마다 그를 만나 용기를 얻는다.

## 누님 누님

무엇이 잘못되었던 것일까. 어디서부터 잘못된 것일까. 그 애가 고등학생일 때 학교에서 무슨 사고를 쳤는지 어머니를 모셔 오라고 했다. 어머니, 아버지가 알면 큰일 날 일이었기에 이모를 찾아와 학교에 가달라고 부탁을 했다. 그 이모가 우리 어머니였으니 그 애는 나와 이종 간이다.

어머니는 종종 그 얘기를 하셨는데 그 애가 대학에 갈 때 이모부가 서울대학을 고집하실 때도 그랬다. 지금 생각하면 어머니를 학교에 오라는 일은 남자애들에겐 그럴 수도 있다는 생각이 들고 그때 별 탈 없이 그냥 지나간 것을 보면 그리 큰일은 아니었던 듯도 싶다. 그렇지만 아들의 성적이, 학교생활이 어땠는지도 모르고 서울대학교를 가야 한다고 우겼던 이모부를 생각하면 그때부터 잘못되기 시작했던 것 같기도 하다. 재수인지 삼수인지, 나중에 전문대학을 갔다는 이야기를 들은 것 같은데 그 후로는 서로 잊고 지냈다. 각자 결혼도 하고 바쁘게 살면서 몇 년에 한 번 만날까 싶은 세월이 강물처럼 흘렀다.

키가 크고 영화배우같이 잘 생겼던 그 애는 오래간만인데도 나만 보면 누님 누님 하면서 살가웠다. 요즈음 어떻게 지내느냐고 하면 하는 일이 대부분 듣기에도 벅찬 이야기였다. 지방 어디에 수십만 평의 땅이 있는데 제 것도 아닌 그 땅을 어떻게 이용할 것이며, 또 그것을 어찌어찌해서 팔면 몇 퍼센트의 수수료를 받을 수도 있다는 이야기였다. 세상 물정 모르는 내가 듣기에도 되지 않을 이야기였는데, 그 애는 그 일에 열정적으로 매달려 있는 듯 했다. 그렇게 또 몇 년이 지난 후에는 그 일이란 게 유전을 캐는 일로까지 발전했으니 나에게는 그저 먼 나라의 일이었다. 그러나 남에게 못 할 짓을 했다는 소리는 들려오지 않았다.

몇 년 전 이모부가 돌아가셨을 때 장례식장에서 본 그는 변함없이 잘 지내는 듯했다. 무슨 얘기 끝에 또 사업 이야기가 나왔는데 그의 예쁜 처가 '맨날 뜬구름 잡는 소리만 하지 말고 돈을 줘봐'했다. 신기했던 것은 그런 이야기를 하면서도 잘 살고 있다는 것이었다. 무얼 해서 사는지는 모르겠지만 부부가 서로 헤어지지 않고 살 만큼 사이가 좋다는 것이 신기했다. 그때도 그는 내게 곰살맞게 굴면서

군이 차로 전철역까지 태워 주었다.

올봄, 그 애가 췌장암에 걸렸다는 소문을 들었다. 내 기억 속에 키도 크고 건장하던 그와 어울리지 않는 소문에 그냥 소문이겠거니 했다. 그런데 크리스마스 며칠 전에 그가 운명했다는 소리를 들었다. 아니 어떻게 이럴 수가…… 이제 겨우 나이 육십이라는데. 나는 다리 수술을 받고 얼마 안 되어서 장례식장에도 가보지 못했다.

나이 드신 분들이 돌아가셨을 때보다 더 자주 그를 생각한다. 뜬구름 잡으려는 인생을 살면서 얼마나 스트레스가 심했을까. 그동안의 무심함을 생각하니 가슴이 먹먹해 온다.

다시는 이 세상에서 만날 수 없다는 생각으로 내 마음은 허공을 떠다닌다. 다음 생에서 혹시 그 애를 만나더라도 나는 어떻게 그를 알아볼까. 한밤 어두움 속에서 고개를 돌리면 누님 누님 살가운 그의 목소리가 환청이 되어 들려온다.

# 가기는 싫지만 가야지

이른 아침의 전화는 왠지 불안하다. 아니나 다를까. 아침 여덟 시에 온 전화를 받으니 동생뻘인 A다.

언니, 어머니가 돌아가셨어요.

어머, 언제?

나는 놀라 물었는데 그녀의 목소리는 의외로 밝다.

오늘 새벽에요.

그럼 발인은 모레겠네, 언제 가는 것이 좋을까?

오늘 오전에는 정신없을 것 같고, 오후부터는 아무 때나 오셔서 육개장이나 잡숫고 가요.

올해 구십 사세였던 그녀의 어머니는 오래전부터 요양병원에 계셨다. 이제는 자식들이 돌아가며 찾아보는 것도 지쳤다는 말이 나온 지도 꽤 오래되었다. 돈이 있어 좋은 병원에 계시니 얼마 전에도 죽고 싶지 않다는 말을 해서 자식들의 눈총을 받은 일이 있었는데 갑자기 돌아가셨다니 의외였다. 전화를 끊고 생각하니 이건 아니다 싶다. 어머니가 돌아가셨다는데 슬픈 빛이 없는 그녀도 그렇지만 자식들조차 힘들어하고 등한시하는 삶을 오래만 산다고 좋은 것일까 하는 생각에 마음이 무겁다.

죽음도 미리 마음의 준비를 해야 한다고는 하지만 그것이 쉬운 일은 아니다. 유명한 종교인이었던 B씨를 생각하니 더 그렇다. 우리는 그가 폐암에 걸려 죽은 줄만 알고 있었지 죽기 전에 미국에까지 가서 수술을 받고 왔다는 것은 몰랐었다. 그 이야기를 전해준 사람에게 듣자니 그는 마지막에 미국에 갔다 온 것을 후회했다고 한다. 주위에서 서둘러 어쩔 수 없이 가게 된 미국 병원에서의 수술이었지만 돌아와서 어차피 죽음에 이르게 되자 죽음 앞에 의연하지 못했던 자신을 용서하기 어려웠으리라는 이야기다.

아는 사람이 큰 병에 걸렸다. 칠십 대 초반이니 젊은 나이는 아니지만 요즈음에는 팔팔한 나이이기도 하다. 당연히 수술을 받고 좋아지리라 생각했는데 수술을 거부하고 얼마 못 가 세상을 떠났다. 죽음 앞에 당당했던 그를 대단하다고 생각했는데 나중에 이야기를 들으니 생활이 어려웠고 환자로 견디기 어려운 환경이었다고 한다. 그렇다고 그렇게 자기 목숨을 버릴 수가 있는가. 아니면 어차피 죽음 앞에서 가족들이나 지키자고 생각했는지.

TV를 켜고 채널을 돌리다 외국영화의 한 장면을 보게 되었다. 어머니가 암에 걸려 위독하다는 연락을 받고 먼 곳에 떨어져 있던 아들이 어머니를 보러왔다. 침대에 누워있는 어머니 앞에 서서 눈물을 흘리고 있으려니 어머니가 말했다. 울지 마라, 죽음도 생의 한 부분이란다. 그리고 말했나. 가기는 싫지만 가야지. 죽기는 싫지만 죽을 수밖에 없다는 말을 왜 그렇게 번역했을까. 자막에 나온 가기는 싫지만 가야지, 라는 말에서 죽음을 받아들이는 사람의 아름다운 모습이 오래 뇌리에서 떠나지 않는다.

서쪽에 있는 우리 집 데크에서 바라보는 일몰이 장관이다. 나는 자주 그곳에 앉아 지는 해를 바라본다. 그날 오후, 뜨거운 여름 해가 서쪽 산 위에 반쯤 걸려있다. 뜨는 해보다 아름답다는 석양의 찬란함에 몸이 떨린다. 보고 있으려니 온 하늘을 붉게 물들이면서 해가 뚝뚝 떨어진다.

누구도 거역할 수 없는 기세에 숨이 막힌다. 해가 완전히 자취를 감춘 후에도 한참이나 하늘은 붉은 기운으로 덮여 있다. 곧 어둠이 몰려올 것 같다. 가기는 싫지만 가야지. 나는 의자에서 일어나 적막에 싸인 집 안으로 들어왔다.

## 나를 슬프게 하는 것

여덟 살쯤 되는 남자아이가 서너 살 어린 동생의 손을 잡고 드넓은 벌판을 걸어간다. 사진일 뿐인데 풍경만으로도 시선을 뗄 수가 없다. 아름다운 한 폭의 그림 같다. 그런데 그런 그들의 뒷모습을 보면 나는 십중팔구 석양을 바라볼 때의 슬픔을 느낀다. 한창 새순 같은 그들을 보고 떠오르는 태양을 생각함이 옳을 것 같은데 왜 석양의 슬픔일까. 그 애들이 앞으로 나아갈 미래에 대한 불안 때문일까. 아니면 앞으로 맞닥뜨릴 세파 때문일까. 동생을 앞장서서 이끌어야만 하는 형이 짊어진 짐에 대한 동정 또는 연민 때문일까. 순수의 결정체 같은 그 영상을 볼 때마다 나는 가슴이 저릿해지는 슬픔에 젖는다.

젊었을 때 동네에 한 여자가 있었다. 이야기를 나누는 사이는 아니었다. 그러나 오고가며 가끔 만나는 그녀를 잊을 수는 없었다. 그녀의 미모가 백합을 닮았기 때문이다. 곁으로 지나쳐 갈 때 백합 같은 향기를 맡을 수는 없었지만 그녀에게서는 빛이 났다.

요즈음 어떤 연예기자가 멀리서부터 빛이 나더라는 유명 배우의 이야기를 했다. 그 말에 그녀가 생각났다. 예쁜 여자는 많았지만 아름다움에 빛이 나는 여자는 내 생애 처음이었다.

이십여 년이 흐른 후 옛 동네에서 다시 그녀를 만났다. 아직도 그 동네에 살고 있었구나, 하는 생각에 반가웠다. 그런데 다시 만난 그녀에게서 옛날에 빛이 나던 미모는 사라졌다. 아직도 잘 생겼고 체격도 푸근해졌지만 그 빛은 사라졌다. 세월의 잔인한 흔적에 나는 잠시 당황했다. 그리고 이내 슬퍼졌다. 초원의 빛이여, 꽃의 슬픔이여를 처음 읽었을 때의 슬픔, 슬픔이 무엇인지도 모르던 어린 시절에 읽었던 그 시절의 슬픔이 이제는 생생하게 느껴지는 그런 슬픔이었다.

쿠키는 우리 집 개 이름이다. 하나뿐인 손자가 개를 키우고 싶다는데 집이 아파트여서 키우기 힘드니 손자를 위해서 우리가 키우기로 한 것이다.

그 애가 아홉 살 때 우리는 개를 사러 오일장에 갔다. 개를 파는 곳에 가니 서너 마리의 새끼개가 있었다. 우리는 개에 대해서 아무것도 모르고 그냥 발발이를 사러 간 것이다. 그런데 우리가 개를 보고 있으니 뒤에서 어떤 사람이 '개는 귀가 커야 해'라고 하는 것이다. 마침 태어난 지 두 달 되었다는 개가 있었는데 발발이 와는 달리 귀가 축 늘어지고 눈이 동그라니 예뻤다. 그래서 우리는 그 개를 샀고 손자가 쿠키라는 이름을 지어주었다. 사냥개의 피가 섞인 쿠키도 잡종이긴 하였으나 우리는 어찌 되었던 그 애와 한 가족이 되었다. 손자 녀석은 가끔 와서 쓰다듬어 줄 뿐이고 개를 키우는 것은 완전히 할아버지의 몫이 되었다. 그리고 나는 내 방 창밖 밑에 집이 있는 그 애를 자주 지켜볼 뿐이다.

손자가 열일곱 살이 되었으니 쿠키가 우리 집에 온 것도 벌써 8년이 되었다. 사람 나이로 치면 오십이 넘은 것이다. 우리 집은 지대가 좀 높은 곳에 있어서 지나다니는 사람도 보이지 않아 마당에 있는 쿠키는 하루 종일 먼 하늘만 보고 산다. 아침저녁으로 할아버지와 산책을 하는 것 빼놓고는 달리는 일도 없다. 그러니 잠깐 풀어놓아도 이제는 제 집 주위에서 떠나지를 못한다.

날씨가 화창한 오후 창밖으로 보이는 그 애는 퍼져서 잠만 자고 있다. 그런 쿠키를 보면서 소리 없이 흐르는 눈물 같은 슬픔에 젖는다. 개로 태어난 그 애가 불쌍하고 이렇게 잔인한 주인을 만났으니 불쌍하다. 처음에 우리는 새끼를 낳는 일을 감당할 수 없어서 수컷을 사려고 했다. 그런데 큰 귀에 홀려 그냥 사고 보니 암컷이었다. 그래서 새끼를 가질까 봐 절대 풀어놓지 않고 키웠다. 그 애는 어떻게 보면 행복하고 어찌 보면 불행하다. 우리가 사랑해주니 행복하고 이렇게 잔인한 주인을 만났으니 불행하다.

3년 후에는 우리도 아파트로 이사를 갈 계획이다. 그 애와 함께 늙어가고 있고 언젠가는 헤어져야 할 생각을 하니 가슴이 먹먹해진다. 말 못하는 짐승으로 태어난 그 애의 삶이 애처롭고 정을 주는 일이 버겁다. 개로 인한 슬픔이 인간의 슬픔으로 변하고 인생의 덧없음이 우주 만물에 대한 성찰로 나아간다.

쿠키가 나를 바라보는 눈이 귀여움에서 슬픔으로 바뀐 지 오래되었다. 이 슬픔을 어찌해야 할까.

# 내 인생의 하루

스콜처럼 간간이 오후 한때 비가 쏟아지고 밤새 비가 몇 번 더 쏟아지더니 장마가 끝났다. 그리고 정작 여름이 되니 열흘 넘게 찜통더위가 계속되고 있다. 서울은 섭씨 35도, 경기도 어디는 섭씨 37도 가깝게 기온이 올랐다고 한다. 우리 집은 시원한 편이라고 생각했는데 섭씨 35도가 되자 열어놓은 창문으로 더운 기운이 들어와 숨이 막힌다.

옛날에는 더운 여름날 책을 많이 보았다. 요즈음은 책도 손에 안 잡혀 애꿎은 TV만 보고 넷플릭스 영화만 보고 있자니 그것도 하루 이틀이다. 아침에 일어나면 오늘 하루를 어떻게 지내냐가 걱정이다. 하루는 하루살이의 일생이고 어제 숨을 거둔 16세 소녀의 그토록 살고 싶었던 오늘이기도 하다는데 내게 하루는 이렇게 길다. 헐떡이는 마음을 다잡고 가만히 앉아 지나온 날을 되새겨 본다.

내 어릴 적 최초의 기억은 여름밤에 개울에서 목욕하던

일이다. 추측컨대 다섯 살 전후의 나이였으니 밤의 물놀이가 무서웠을 법도 하다. 그런데 무섭기는커녕 사촌 언니들과 이모들과 즐겁게 놀던 생각뿐이다. 어두움에 빛나는 하얀 나신들의 향연이, 나를 안아주던 매끄러운 살의 감촉이 지금도 선연하다.

서울로 와서 여덟 살에 초등학교에 들어갔다. 어머니가 무슨 일인가 하셨으므로 외할아버지가 얼마 동안 나를 학교에 데리고 다니셨다. 얼마나 궁금한 게 많았던지 할아버지 손을 놓고 목을 좌우로 돌리며 걷다가 전봇대에 심하게 부딪혀 이마에 혹을 달았던 기억이 새롭다.

중학교 시험에 떨어져서 몸부림을 치며 울던 생각도 난다. 수학 시험시간에 까불다가 5단위 그래프를 10단위로 잘못 보았다. 그래서 서너 개가 그냥 나갔다. 뭘 잘했다고 그때 그렇게 울었는지 지금 생각해도 어이가 없다. 고등학교 3학년 때 공부한다고 새벽 네 시쯤 일어나 책상에 앉으면 어머니가 매일 책상에 놓아준 사과를 먹던 기억도 있다.

비 오는 날, 우산을 받쳐준 남자와 알게 되어 결혼을 한다고 했을 때 친구들이 부러워했었다. 동화까지는 아니어도 로맨틱하다고 생각해서였는지 수십 년이 지난 지금도 그때의 일을 묻는 친구가 있다. 실은 집안의 소개로 알게 된 남자였다. 내게는 그를 거절할 이유가 없었기에 나는 그에게 신체검사서까지 요구했다. 그리고는 6개월 내내 하루도 안 빠지고 그를 만났으니 친구들은 비 오는 날 우산을 씌워주며 만났다는 내 농담을 믿었다.

아들이 공군사관학교에 가겠다고 했다. 키가 185cm에 건강했기에 우리는 누구도 그 아이의 장래를 의심치 않았다. 1차 신체검사에 합격하고 필기시험에도 합격했다. 공군사관학교가 있는 청주에서 2차 신체검사가 있던 날이다. 아들과 나는 하루 전에 청주에 가서 학교 근처 여관에서 잤다. 그리고 오전 중에 아이들만 학교 안으로 들여보내 놓고 부모들은 학교 앞 잔디밭에서 기다렸다. 정밀검사는 오래 걸려서 늦게 나오는 것이 합격 가능성이 높다고 했다. 5시쯤 끝이 날 거라 했고 오후 2시쯤 되자 탈락한 학생들이 나오기 시작했다. 아들의 신체가 건강했기에 합격을 추호도 의심하지 않았다. 느긋이 기다리리라 마음먹고 있는데 갑자기 3시도 전에 아들이 걸어오는 것이 보였다. 믿어지지 않는 일이었다. 시력도 좋은 아이인데 고공으로 올라가면 눈이 부신 증세가 있어서 안 됐다는 것이다. 그런 검사가 있으면 미리 알려주면 좋았을 것을 일 년을 허비한 것이 너무도 아쉬웠다.

딸의 야간 학습을 위해 저녁 도시락을 싸다 주던 어느 날, 딸이 모의고사에서 전교 1등을 했다는 말을 듣고 돌아오는 버스를 탔다. '우리 딸이 1등을 했어요.' 갑자기 소리를 치며 벌떡 일어나고 싶었으나 정신을 차리고 주저앉았다. 그때 소리치지 못한 것이 지금도 후회스럽다. 주위 사람들의 아이들 중에 공부를 잘한다던 애들도 S대학에 가는 일은 극히 드물었기에 나는 자제심을 무너뜨리면 안 되었다.

우리가 살고 있는 지구가 한 번씩 몸을 뒤틀며 태양 주위를 도는 한 하루하루는 계속된다. 내 기억 속의 하루하루는 블링블링하다. 누구에게나 매일 계속되는 하루, 그 어느 하루에 내가 태어났고 또 어느 하루, 나는 목숨이 다할 것이다.

# 제2부

# 나이 칠십

나이 오십 전후에 거의 모든 여자들이 자연의 법칙인 듯이 갱년기 증상을 겪는다. 친구를 만나면 갑자기 열이 난다며 한겨울에도 부채를 꺼내 드는 친구도 있었다. 나는 생리가 끝난다는 것이 여자의 삶을 끝내고 인간이 된다고 생각해서 마냥 즐거웠다. 여행도 마음껏 다니고 육체적인 구속이 없어지니 얼마나 좋았던지, 아무런 장애 없이 오십대를 넘겼다.

육십대에는 남편이 잠깐 아팠고 나도 일을 하느라 시간 가는 줄 몰랐다. 몸 관리만 잘하면 평생 건강할 것 같았다.

그런데 칠십을 두 해 남겨놓고 슬슬 다리가 아프기 시작했다. 겉으로는 멀쩡해 보이는 다리가 들어 올리려면 한 손으로 잡아 올려야 했다. 너무나 당혹스러운 충격이었다. 한동안은 다리가 쑤셔서 잠을 못 이루었다. 이렇게 고통에 시달리며 살 수는 없었다. 아픈 것은 자랑해야 한다고 해서 여기저기 퍼뜨리고 다니니 이런저런 방법을 이야기해 주었다. 누워서 두 발을 세운 채 간격을 벌려 맞부딪치는 발차기를 하라고 하기에 열심히 했더니 몇 달 만에 통증과 발 들기가 좀 나아졌다.

이대로 낫는가 했더니 일 년이 지나자 다시 발 들기가 어려워 버스에 탈 때 당연히 들어올려야 할 다리가 안 올라가니 당황하게 되었다. 그리고 한쪽 무릎이 아프다. 병원에 가서 사진을 찍으니 뼈에는 이상이 없다고 한다. 그럼 무슨 병이란 말인가. 무엇이 원인인지, 무슨 병명이 있어야 치료를 할 것이 아닌가.

그동안 아프다는 사람들의 많은 이야기를 들으니 내 병명이 퇴행성관절염이다. 그 병을 앓고 있는 사람들의 증상이 내 증상과 같았다. 그런데 퇴행성관절염은 늙으면 오는 증상이 아닌가. 그렇게 생각하는 순간 갑자기 깨달음이 온다. 이 병은 병이 아니니 고치려고 애쓸 필요가 없다는 것, 늙음과 더불어 함께 살아가야 할 고통이라는 것이다. 어떻게 하면 고통을 덜 느낄 수 있을까 외에 고쳐질 수는 없다는 것을 생각하니 마음이 편해졌다. 오십 대에 느끼는 갱년기 증상도 모르고 지냈으니 나는 뒤늦게 육체의 고통을 맛보게 된 것이다. 그것이 오히려 감사했다.

나이 칠십이 되었다. 몸은 점점 약해지고 내가 해야 할 생산적인 일은 이제 다한 것 같다. 그래도 내 정신은 아직 멀쩡하고 요즈음의 평균 수명으로 따지면 아직도 일이십 년을 더 살아야 한다. 무엇을 위해서 살아야 하는가. 일이 있어야겠다. 그리고 꿈도 있어야겠다.

나이 든 어떤 사람은 돌탑을 쌓은 지가 이십 년이 된다고 한다. 삭막한 그의 넓은 땅에는 각종 돌탑이 조각품처럼 쌓여있다. 그의 돌탑들은 처음 단순한 쌓기에서 지금은 모두가 하나의 작품이 되었다. 돌탑박물관이라고 해도 과언이 아니니 그는 충분히 값진 삶을 살고 있는 것 같다.

또 어떤 할아버지는 비닐봉지를 들고 다니면서 동네의 쓰레기를 줍는다. 자신이 사는 마을을 깨끗하게 하고 싶고, 무언가 좋은 일을 하려고 쓰레기 줍기를 시작했는데, 몸이 건강해졌다고 오히려 고맙다는 이야기를 한다.

인간은 누구에게나 자아 완성의 꿈이 있다. 인간으로 태어났으니 인간다운 인간, 바람직한 인간의 꿈을 가지는 것이 당연하다. 옛날에는 나도 그런 꿈을 가진 적이 있었다.

그런데 육십 세까지도 깨달음을 얻지 못하면 그 후에는 그냥 맛있는 것 먹고 재미있게 살아, 라는 도사의 말을 들었다. 나이가 드니 정신이 한 군데로 모아지기가 어렵다는 것을 요즈음 절실히 느낀다. 자아 완성의 꿈은 이루지 못했어도 그 말을 잊지 않고 살아야겠다.

나는 글을 쓰는 사람이다. 죽을 때까지 할 수 있는 그 일이 있어서 감사하다. 나이가 드니 글도 잘 써지지 않는다. 그렇지만 쓰기를 멈추어서는 안 될 것이다. 나의 꿈은 다른 사람에게 인정받는 글을 쓰는 것이다. 삶이 의미 없게 느껴지고 무기력에 빠져 있을 때 나는 내 꿈을 생각한다.

꿈은 누구나 꿀 수 있고 가질 수 있다. 삶이 무의미한 칠십 대 이후의 삶에는 꿈이 꼭 필요하다. 그래야 무의미한 삶이 인간의 삶으로 지탱이 된다.

시바다 도요라는 일본 여성이 쓴 시는 그래서 우리에게 가르침을 준다. 90세부터 시를 쓰기 시작한 그녀는 99세에 시집을 낸 후에 유명해졌다.

**약해지지 마**

……꿈은 평등한 거야

나, 괴로운 일 있어도 살아있어 좋았어
당신도 약해지지 마

**비밀**

아흔여덟에도
사랑은 하는 거야
꿈도 많아
구름도 타보고 싶은걸

인생이란 언제나 지금부터야
누구에게나 아침은 찾아온다

그녀는 2013년 103세에 세상을 떠났다.

## 75세

'65세'라는 글을 쓴 적이 있다. 자식이 부모의 생존 나이가 65세면 된다는 통계를 보고 모든 친구들이 분개했던 이야기를 쓴 것이다. 그때만 해도 퇴직한 지 이삼 년 된 친구들은 이제 살만하다고 생각했다. 연금을 받아 여유가 생겼고 몸은 아직 쌩쌩하니 못했던 여행도 다니고 실컷 재미있게 잘살아보겠다는 나이였다. 그런데 자식들은 부모가 65세면 죽어도 된다고 생각하다니. 백세시대라는 말은 이미 나왔으니 충격이 이만저만이 아니었다.

그로부터 십 년 세월이 흘렀다. 육십 대에는 당당하던 우리도 칠십 대가 되자 건강하던 몸에 이상이 생기기 시작했다. 시름시름 앓게 된 친구도 있고 병마에 시달리는 친구도 생겼다. 건강하던 나도 그동안에 다리 수술을 받았고 무릎관절에 이상이 생겨 걷다가 주저앉은 일이 생겼다. 그 뒤로 한 달여 잘 걷지도 못하고 병원을 들락거렸다. 칠십이 될 때까지만 해도 늙으면 병원비가 많이 든다는 말을 이해하지 못할 정도로 건강한 체질이었으니 그랬다.

육십 대가 다 갈 때까지 젊어 보인다느니, 아직 팽팽하다고 칭찬받던 얼굴들도 칠십이 넘으면 나이를 숨길 수가 없게 된다. 눈가에 주름이 없으면 입가에 주름이 있고 목에 주름이 없으면 턱이 늘어나 있다. 만나면 그 모습 그대로라는 말은 자기들 언어일 뿐, 얼굴도 다 거기서 거기가 된다.

어느 날 젊은 사람들 네댓 명과 마주 앉아 얘기를 하는 중에 심한 수치심과 단절감을 느꼈다. 수치심까지 느낄 필요가 있을까. 의외의 감정이었지만 그것은 부끄러움을 넘은 수치심이었다. 십 년 전에는 지금의 감정을 절대 알지 못했다. 육십오 세의 그들은 칠십오 세의 우리들을 절대 이해 못 한다. 요즈음은 백세시대이니 칠팔십 나이는 청춘이라느니, 마음을 젊게 가져야 한다고 하는 말도 다 헛소리다. 창문을 살짝 열고 본 달의 모습이 지금은 활짝 열고 보는 느낌이다. 몸이 멀어지면 마음도 멀어진다는 말의 의미가 십 년 전과는 다르게 절절하다.

자존감을 잃지 않으려 노력하지만 어차피 잉여인간이라는 생각이다. 자식들이 부모의 생존 나이를 65세로 잡은 것은 그들의 잘못이 아니다. 65세의 자식들이라면 이미 성

년이 되었을 터이니 부모들은 의무를 다한 것이다. 부모가 자식을 놓지 못할 뿐이지 부모가 없어도 자식들은 살아갈 수가 있는 나이인 것이다.

잉여인간이 된 우리는 어떻게 살아가야 할까. 나이 팔십이 넘은 어떤 분은 매일같이 오늘이 마지막인가라는 생각을 하고 산다고 했다. 그 말을 듣자 나는 숨이 막혀왔다. 죽음이 두렵기는 해도 그렇게까지 쫓기는 마음으로 살아야 되는 걸까. 육십오 세가 칠칠십오 세를 이해 못 하듯이 우리는 팔십오 세의 선배들을 이해할 수 없다. 혹 이해는 해도 실감할 수는 없는 것이다. 나이는 먹는 만큼 새롭다.

백 세를 산 어느 철학자는 자기의 전성기가 육십오 세에서 칠십 오 세까지였다고 했다. 칠십오 세라는 전성기도 저물고 있다. 그동안 만나면 아픈 이야기만 했어도 어쨌든 바지런히 친구들을 만났다. 아직은 걸을 수 있고 사람을 만날 수 있으면 훌륭한 것이다.

나는 아직 요양원에 계신 어머니의 딸이다. 백세 인생을 살아도 아직은 못 간다고 버티는 노래 가사처럼 나는 아직 할 일이 남아 못 간다고 전하리라. 나이를 먹는 것은 미지의 세계를 향하는 여정이다. 여정이 끝날 때까지, 미지의 세계는 어떻게 전개되고 이루어질까.

# 겨울

밤새 소복이 눈이 내렸다. 며칠 전 눈도 녹지 않아 우리 집 마당은 아! 소리가 나올 만큼 하얀 눈 세상이다. 마음이 흰 눈처럼 깨끗해진다. 마을이 한눈에 바라다보이는 데크에서 보니 온 세상이 도화지 같은 하얀 그림 속에 있다. 그런데 날씨가 동지 섣달 찬바람이 울고 갈 만큼 춥다. 서울 날씨가 영하 10도라니 이곳 양평은 2～3도 더 낮으리라.

모임이 있는 날이다. 외출을 해야 하는데 전철역까지 버스를 타기로 한다. 산을 깎아 만든 집터에 지은 우리 집은 평지까지 가려면 깔딱고개 같은 경사를 내려가야 한다. 낮이 되어 햇빛이 들면 제일 먼저 녹는 곳이기는 하지만 이런 날 차는 운전할 엄두도 내지 말아야 한다.

9시 40분 버스를 타기 위해 중무장을 하고 길을 나섰다. 버스 정류장까지의 길은 눈 때문에 조심해야 했지만 정류장에 도착하니 차가 많이 다니는 큰길은 벌써 눈이 녹아

아스팔트가 다 드러났다. 십 분 전에 도착한 정류장에서 버스를 기다린다. 체감 온도는 영하 15도라더니 뺨을 얻어맞은 것처럼 볼이 얼얼하다.

내가 도착하고 곧이어 어느 신사가 왔다. 낮은 집 몇 채와 들판이 전부인 가운데 정류장에서 양복과 코트를 빼입고 구두를 신은 신사는 생소했다. 그가 목사라는 말을 들은 것 같고 전에도 한두 번 본 사이이기에 놀라지는 않았다. 그러나 인사를 하는 사이는 아니었기에 그냥 말없이 서 있었다.

9시 45분이 되었는데 버스는 오지 않는다. 지금 오는 버스는 산을 넘어와야 하기에 눈이 와서 좀 늦나보다 했다. 그런데 눈이 오면 제일 먼저 치우는 곳이기에 이런 적은 없었다. 그렇지만 눈길을 힘겹게 오려면 조금 시간이 걸리는 것은 당연하다고 생각했다. 그 후로 십 분이 지나고 이십 분이 지났는데도 버스는 올 생각을 안 한다. 교통 앱으로 상황을 알아볼 수 있는 시대가 아니었기에 어디 물어볼 수 있는 일도 아니었다. 인사도 안 하던 사람에게까지 말을 걸며 무슨 일인지 아시느냐고 물었다. 구두 신은 발이 너무 시린지 정류장 주위를 종종걸음으로 돌아다니던 그도 모른단다.

추위에 삼십 분을 서 있었다. 털이 달린 부츠를 신었는데도 발이 시려온다. 머릿속으로는 온갖 계산을 하느라 바쁘다. 버스 시간과 전철 시간이 섞이고 다음 전철 시간까지 고려하고 약속을 취소해야 할까 어찌해야 할까를 생각하느라 십여 분의 시간이 더 흘렀다. 생각이 마비될 만큼 시간이 흐르자 갑자기 온몸의 신경세포가 올올이 살아난다. 내가 살아있다는 것이 생생하게 느껴진다. 신기하고도 신비한 느낌이다. 내 살아있음이 자각되는 것이.

나는 겨울을 좋아한다. 청소년기의 내가 겨울을 좋아했던 것은 쉽지 않지만 극복해 볼 만한 계절이라고 생각했었기 때문이다. 그런데 나이 들어 경험한 살아있음의 생생한 느낌은 어느 계절에도 느껴보지 못 했던 것이다. 다른 계절과는 비교할 수 없는 것이었다.

봄에는 꽃이 핀다. 앞다투어 지절거리며 피는 꽃의 계절을 누가 싫어할 것인가. 나이 들면서 더 좋아지는 계절이 봄이다. '산에서 예쁜 꽃을 보면 젊었을 때는 그 꽃을 꺾어 들고 온다. 나이 들면 그냥 왔다가 그 꽃을 보러 다시 간다.' 오징어 게임에 나온 오영수라는 배우의 이야기다.

여름은 삶의 열정이 넘치는 귀한 계절이다. 까뮈의 『이방인』이라는 책에서 한여름, 햇빛 때문에 사람을 죽이는 것을 보고 알지도 못하면서 열광했던 젊은 여름이다. 그 여름이 그렇게 좋았다.

가을, 단풍철이 끝나갈 즈음 용문사 가는 길에서 본 낙엽의 흩날림. 터널을 이룬 나무 아래로 바람이 불지도 않는데도 꽃비처럼 내리던 낙엽, 낙엽이 땅에 닿을 즈음 살짝 불던 바람, 인생의 마무리가 낙엽 같다면 얼마나 좋을까.

겨울은 잊을 수 없는 계절이고 준비하는 계절이다. 사람마다 좋아하는 계절이 다르다. 모든 사람들은 봄이 계절의 시작이라고 하지만, 나는 계절의 시작이 겨울이라고 생각한다. 떨어진 낙엽이 달렸던 나무에 다시 꽃이 피고 잎이 생기는 봄이 계절의 첫 번째일까. 겨울이 잠자고 쉬고 있는 것을 죽었다고 할 수 있을까. 생각이 깊은 사람처럼 겉으로 드러내지 않고 눈에 보이지 않지만 겨울은 온전하게 살아있다. 내가 생생하게 살아있다는 자각으로 한 해를 시작하는 것이 첫 번째가 되어야 한다는 생각이다.

# 전성기

모임이 끝나자 총무가 '오늘 회비는 2만 원씩만 내세요' 라고 한다. 그날그날 쓴 돈에 따라 만원이나 2만원을 걷는데 알뜰한 살림을 하는 것을 아는지라 아무도 이의 없이 돈을 낸다. 나도 지갑을 꺼내 열어보니 만 원짜리가 몇 장 있고 천 원짜리가 아홉 장이나 있다. 어제 무엇인가 사면서 천 원이 부족해 만 원짜리를 내니 거스름돈을 천 원짜리로 준 것이다. 새 돈도 아닌 구겨진 천 원짜리가 수북하니 그것을 써야겠다는 생각이 앞선다. 만 원짜리 한 장과 '잔돈도 괜찮지요?' 하면서 천 원짜리 다섯 장을 냈다. 총무는 여러 사람이 돈을 내니 정신없이 '네, 네,' 하면서 세어보지도 않고 돈을 받아 회비 지갑에 넣는다.

집에 돌아와 옷을 갈아입고 소파에 앉는데 갑자기 생각이 떠올랐다. 회비가 2만원이라 했는데 왜 천 원짜리를 냈지? 그리고 보니 2만 원이 아니라 만 오천 원을 낸 것이다.

이 생각이 드는 순간 나는 아연실색하고 말았다. 나이 탓이다. 이삼 년 전만 해도 이런 일은 상상할 수도 없었다. 그런데 나이 칠십이 지나고 나니 이런 실수를 하게 된다. 눈앞의 상태, 구겨진 돈을 먼저 처리하고 싶다는 생각이 들자 앞서 2만 원 소리 들은 것은 까맣게 잊고 그런 실수를 한 것이다.

듣고도 돌아서면 이름이나 숫자가 기억나지 않고, 번번이 냄비를 태운다는 친구 얘기를 듣고 어이없어 했는데 나도 가스불에 올려놓은 것을 자주 잊어버리고 딴짓을 하게 되었다. 생각은 이것인데 말은 다른 단어를 내뱉은 후에 알게 되는 실수, 이런 실수가 비일비재하다. 그럴 때 늙었다는 것을 실감하면서 당황스럽고 당혹감에 빠지게 된다. 머리가 싸하고 몸에서 힘이 빠지는 느낌, 그것은 이 나이가 되지 않으면 알 수 없는 감정이다. 나중에라도 생각이 났고 그 실수에 대한 분석까지 마치니 아직 치매는 아니다. 그러나 이런 일이 자주 일어날수록 생의 마지막 고개를 소몰이꾼에게 쫓기는 소같이 떠밀려가는 느낌이다.

손자가 '할머니'라고 부른 지는 오래되었다. 그때는 당연하다고 생각하니 거부감이 없었다. 그 외에는 '할머니'라고 불린 적이 없었다. 그런데 얼마 전, 화장실 공사를 하는 중에 기술자 보조를 하던 청년이 '할머니, 물 좀 주세요.' 했다. 나는 처음에 못 알아들었다. 물을 줄 만한 사람이 나밖에 없으니 그것이 나를 향한 호칭이라는 것을 알고 살짝 충격을 받았다. 칠십 넘은 할머니임에 틀림없지만 나는 아직도 다른 사람이 보는 칠십 넘은 내 모습이 어떤지를 종종 잊고 있다.

요즈음 장수하는 사람들이 많아지자 노인의 구분이 70대는 그냥 노인, 80대는 중노인, 90대가 되어야 상노인이라고 한다. 60대는 노인도 아니다. 그래서 70을 갓 넘은 사람들은 아직도 자신의 정체성을 받아들이지 못한다. 이제 완전 노인인데도 아직 팔팔했던 60대의 생각에서 벗어나지 못하는 것이다. 60대 말에는 서서히 줄어드는 인간의 가치에 예민했다. 이제는 가족에게 필요 없는 사람이 되고 사회적으로도 큰 도움이 못 되는 늙은이가 되는 것에 대해 절망하기도 했다. 그래서 다른 사람의 도움을 받아야만 하는 상태가 되면 죽는 방법에 대해서 친구들과 이야기를 나누었었다. 사람은 식음을 전폐하면 일주일이면 죽을 수 있다고 한다. 회생할 수 없는 병에 걸리면 의료진의 도움을 받지 않겠다는 의견도 나누었다. 그런데 칠십이 넘고 보니 그것도 철없는 남용이고 호기였다는 생각이 든다. 마음만 먹고 식음을 전폐한다는 것이 쉬운 일이 아니고, 죽을병을 진단받았다고 바로 병원 문을 박차고 나온다는 것도 장담하기 어려운 일이다.

삶과 죽음은 낮과 밤이나 같고, 계절이 바뀌어 새싹이 돋아나는 것과 같으며, 왔던 곳으로 돌아가는 것이라는 것을 알아도 죽음 그 자체가 본능적 공포이기에 과감하게 뛰어들 수 없다는 것을 알게 되었다. 사소한 욕망, 이기심을 버리면 사람은 훨씬 지혜로워진다. 정신이 온전할 때까지는 지혜로움에 의지하여 살 수 있다. 그러나 자신을 가누지 못할 정도가 되면? 그래도 늙은이는 하늘이 부를 때까지 그냥 살아야 할 뿐이다.

철학자인 김형석 교수가 백 세를 맞아 한 여러 가지 이야기 중에 자신의 최고 전성기는 65세에서 75세까지였다고 한 말이 기억에 남는다. 75세까지 내게는 아직 시간이 좀 남아 있다. 몇 살까지 살지 모르지만 나의 전성기도 그렇다 치고 남은 시간 열심히 살아볼 것이다.

## 좋은 습관 나쁜 버릇

남편은 벌려 놓는 버릇이 있고 나는 정리 정돈이 되어 있어야 안정감을 느낀다. 젊었을 때는 그 일로 크게 부딪쳤던 기억이 없다. 언제부터 심해졌을까 생각하니 집을 짓고 이사를 하면서부터였다. 방 하나와 화장실, 집 짓는 목수가 생각해서 만들어준 작은 싱크대가 달린 주방까지 한 세트로 이층을 지었고 남편이 그곳을 쓰기로 하였다.

남편의 살림은 점점 느는데 그 느는 살림을 손에 닿는 자리에 두기 때문에 특제 책상 위에는 항상 물건으로 꽉 차 있다. 내가 보기에는 난장판이다. 보통 책상은 작다고 큰 나무판을 사서 밑에 삼단 서랍장과 낡은 전축 케이스로 다리를 세워 책상을 만든 것이다. 이른바 특제 책상이다. 도대체 모든 것이 손닿는 자리에 있어야 하는 그 버릇은 언제부터 생긴 것일까.

가끔 이층에 올라가 보면 나는 정신이 하나도 없다. 책상

위는 물론이요, 싱크대 위에까지 살림하는 사람보다 더 많은 물건이 쌓여있다. 뭐라고 하면 서로 의만 상할 뿐이니 안 보고 살리라. 자유를 주고 싶다. 이층에는 가끔 올라가는 세월이 십오 년, 드디어 다시 아파트로 이사를 하게 되었다.

내가 안방을 쓰고 현관 옆에 있는 방 두 개를 남편이 쓰기로 하였다. 나는 이사하기 전부터 걱정이 태산이다. 아파트는 들어서면 모든 것이 빤히 보이니 제발 벌려놓으면 안 된다고 누누이 강조했다. 특히 화장실이 문제다. 현관 옆의 화장실은 남편의 화장실이지만 손님이 오면 쓸 공용 화장실이기도 하다. 그러니 제발 화장실에는 이것저것 놓을 생각 말고 최대한 깨끗해야 한다고, 우물가에 내놓는 아이에게 잔소리하는 어미같이 되풀이를 하였다. 그 책상을 그대로 가지고 간다고 하기에 말릴 수도 없어 한 숨만 쉬다가 말았다. 침대 옆에 책상을 두면 방이 꽉 찰 텐데. 그래도 책상은 침대 옆에 두는 것이 편하다고 한다. 서재라고 이름 붙인 방에는 책장과 작은 소파를 두고 바둑친구가 오면 쓰겠다니 그것은 말릴 수 없다.

아파트로 이사한 날, 반으로 줄인 내 물건들은 그럭저럭 자리를 잡았다. 그런데 살던 집 붙박이장의 반도 안 되는 크기의 아파트 붙박이장을 보고도 충분하다고 큰소리쳤던 남편의 장에는 옷이 반도 들어가지 않았다. 미리 알아서 버린다고 하더니 하나도 안 버린 것이다. 며칠에 걸쳐 산같이 쌓아 놓았던 옷을 이사 와서 버린다. 그리고 책상 위는 전과 똑같다. 내가 사정해서 며칠 후에 조금 줄였는데 더 깜짝 놀랄 일이 벌어졌다. 화장실에 발판을 깔고 작은 대야를 세 개나 놓은 것이다. 그것도 놀랄 일인데, 이번에는 화장실 문밖 구석에 시장에서 파는 싸구려 시퍼런 플라스틱 사각의자를 놓은 것이다. 깨끗이는 씻어야 하는 사람이니 시시때때로 발을 씻고 나와 의자에 앉아 수건으로 발 사이사이까지 닦아야 하는 것이다. 그리고 의자 밑 다리 사이의 지지대에는 양말까지 걸어 놓았다. 내가 악! 소리를 지르자 그것이 흉한지는 아는지 손님이 오면 감추어 놓겠다고 한다. 손님 올 때마다 그 짓을 어찌하겠는가. 그것도 못 할 짓이니 나는 또 포기해야 하리라.

어차피 의자 두 개만 사용하니, 약봉지가 사인용 식탁의 반을 차지하려고 하는 즈음에 이사를 하게 되었다. 깨끗한 식탁에 앉아 보는 것이 내 소원이라고 했더니 그러라고 한다. 아일랜드 식탁에 붙어 있는 장식장에 약상자를 넣고 거기서 꺼내 먹자고 했다. 꺼내기 좋게 일부러 유리문도

달지 않았다. 그랬는데 이틀도 못 되어 약을 식탁 위에 꺼내 놓는다. 한 손에 잡히지 않으니 불편해서 안 되겠단다. 이번에는 질 수 없어 당신 약은 당신 방에 놓고 드시라고 했다. 눈에 보이는 곳, 손 가는 곳에 얼마든지 자리를 마련할 것이다. 친구한테 이야기를 했더니 동년배의 남자들은 다 그렇다고 한다. 누군가는 잘못이 아니라 다른 것일 뿐이라고 하지만 웃으며 살려면 서로 포기하는 수밖에 없다.

김치냉장고는 하얀 문 달린 벽장에 넣어 놓고 냉장고도 그림같이 예쁜 색깔로 발맞추어 나란히 서 있다. 시커먼 김치냉장고를 안에 밀어 넣으니 환하고 깨끗해서 너무 좋아 내 마음에 쏙 든다. 남편은 이 집이 무슨 쇼룸이냐고 그 문에 달력을 달자고 한다. 그리고 필요한 거 늘어놓고 좀 편하게 살자고 한다. 손 한 번만 더 움직이면 되는데 깨끗해서 불편할 것이 무엇인가. 어차피 살다 보면 또 지저분해지고 이것저것 늘어날 텐데.

이번 이사에서 나는 멀쩡한 물건을 너무 많이 버려 무한 죄책감을 느꼈다. 살림이 오래되어서 많이 쌓인 것도 있지만 쓰지도 않을 것을 사들인 것도 많다. 쓸 수 있는 물건을 버린 것에 참회한다. 앞으로는 될 수 있으면 사지 않으려 한다. 마음을 비워야 한다는 말을 많이 하지만, 물건도 없이 사는 훈련을 해야겠다. 정리 정돈에서 나아가 필요한 물건이라도 열 번은 생각하고 사는 좋은 습관을 들여야겠다.

## 휴지 한 장

코로나19가 기승을 떠는 연말에 예약이 잡혀서 병원에 간 날이다. 도착하자마자 화장실로 가서 우선 손을 씻고 벽에 걸린 티슈를 한 장 뽑아 손을 닦고 있었다. 그때 안쪽 화장실에서 나온 젊은 여자가 손에 물만 묻히더니 휴지걸이에서 사각휴지 네 장을 뽑아 손을 닦는다. 미쳤나 봐 생각이 들어 '여보세요' 부르려는 순간 그녀는 닦지도 않고 물에 묻히기만 하고 구겨뜨린 휴지 네 장을 휴지통에 넣고 재빠르게 문밖으로 사라졌다. 나는 너무 어이가 없어 숨을 삭히고자 한동안 서 있다가 화장실을 나왔다.

'한 장만 사용해도 충분합니다.' 휴지통 위에 쓰인 글귀가 아니더라도 나는 티슈를 한 장 이상 사용하지 않는다. 그런데 사람들은 보통 두 장을 사용한다. 어쩌다 세 장을 팍팍 빼내는 사람을 보면 눈살이 찌푸려지지만 내가 나서서까지 뭐라고 할 수는 없는 일이다. 그런데 오늘 네 장을 쓰는 사람을 보니 나도 모르게 '여보세요' 소리가 나올 뻔했다. 내가 여보세요 하고 불러 세운 후, 그녀와의 말씨름은 생각만 해도 골치가 아픈 일이지만 어쨌든 그 일은 한 번쯤 지적해야 했다.

'휴지 그거 몇 푼이나 한다고, 팍팍 좀 써요.' 어떤 사람은 내게 이렇게 말한다. '가난한 시절에는 알뜰함으로 칭송받았던 일이 풍족한 지금은 구두쇠 소리 듣기 십상이에요.' 하는 사람도 있다. 그런 말을 듣자 동의를 구해보려고 했던 말에 머쓱해져서 더 이상 대꾸도 못하고 물러났다. 국민소득이 3만 불 넘는 나라에서 휴지 한 장 때문에 이성을 잃는 내가 참 딱하다는 생각이 들고 늙으면 어쩔 수 없는가 하는 자조적인 생각까지 들었다. 그래도 그것은 아니다. 며칠을 곰곰이 생각하다가 나는 해답을 얻었다.

'휴지 한 장에 몇 푼이나 한다고' 하는 사람의 의식 속에는 사물을 돈으로 착각하는 문제가 있다. 현대는 돈이면 다 된다는 물신주의가 팽배한 시대이고 아이들도 어려움을 모르고 풍족하게 자란다. 어떤 재벌 집 아들이 교통사고를 내고 사망한 피해자의 안부보다 돈이 얼마면 해결이 되겠느냐고 물었다는 이야기를 들은 적이 있다. 이 이야기를 듣고 재벌 집 아들을 욕하기는 쉽지만 금전 만능주의의 시대에 아이들이 인간성을 잃지 않게 키우려면 그 또한 많은 노력이 필요하다는 것을 알 수 있다.

종이는 나무를 베어 만든다. 하찮아 보이는 종이나 이쑤시개를 만드는데 일 년에 몇 그루의 나무가 잘려 나가는지, 나무가 줄면 공기가 나빠지고 자연재해는 또 얼마나 늘어나는지, 누구나 알고 있는 사실이지만 그 사실을 되새겨주지 않으면 잊기 쉬운 것이 또 그런 일이다. 그러니 휴지 한 장이라도 아껴 쓰는 검소함을 가르치는 것이 중요하지 않을 수 없다.

'가난한 시절에는 알뜰함으로 칭송받았던 일이 풍족한 지금은 구두쇠 소리 듣기 십상이에요.' 이 말도 일리가 있다. 사람은 환경에 맞추어 살아야 하고 나이가 먹을수록 베풀고 살아야 한다고 한다.

우리는 어렸을 때, 2차 세계대전이 끝나고 패전국 독일에서는 세 사람이 모여야 성냥불을 한 번 켜서 담배를 피웠다는 말을 듣고 살았다. 그렇게까지는 아니더라도 우리나라도 6.25 후에 부모님들은 갖은 고생을 하고 살았다고 한다. 이즈음 살기가 좋아지니 옛날의 고생은 다 잊혀졌다. 아이들은 어려운 것을 모르고 자란다. 그래서 나약해진다. 직장에 다니다가 빚 삼천만 원 때문에 자살했다는 젊은이의 이야기를 들으면 걱정이 된다. 삼천만 원이 적은 돈은 아니지만 목숨을 걸 정도로 큰돈도 아니다. 가난하지는 않더라도 알뜰하게 살고 세상이 그렇게 호락호락하지 않다는 것을 알았다면 그 돈으로 자살까지는 하지 않았을 것이라는 아쉬움이 남는다.

어릴 적부터 알던 친구가 지금은 수백억 자산가가 되었다. 최상의 아파트에서, 최상의 환경을 누리며 살고 있는데 그녀는 변한 것이 별로 없다. 변함없이 검소하고 변함없이 겸손하며 사치하지 않는다. 그것이 바로 초심이다. 사람이 초심을 지키고 사는 것도 쉬운 일은 아니다. 국회의원이 초심을 잃고 정치를 하니 사회가 어지럽고 국민을 위해 일을 한다는 사람들이 초심을 잃으니 사회가 혼탁해진다. 여유가 생겼다고 펑펑 쓸 필요는 없다. 휴지 한 장이라도 아끼는 마음이 지구를 위하는 일이고 인간성을 회복하는 일이라면 나는 그 일을 기꺼이 하려 한다.

## 어떻게 될 것인가

인구 천만이 넘는 도시가 텅 비었다. 초고층 빌딩과 아파트 사이 8차선 도로가 빈 광장처럼 뻥 뚫려 있다. 차와 사람으로 바글거리던 그 길을 구급차 한 대만 달리는 것을 보니 지구 종말을 다룬 SF영화를 보는 것 같다. 그런데 중국 우한이라는 곳의 실시간 동영상이라니 오싹한 기운이 온몸을 휘감는다.

중국 사람이 많이 오가는 우리나라에서는 아직 사망자가 없다는 데도 외출을 꺼린다. 확진자가 나왔다는 몇몇 지역은 출입제한 딱지가 붙었다. 관광객으로 들끓던 명동, 롯데백화점 본점까지 휴업을 하게 되었다니 시시각각 공포심이 내게도 전염되어 온다.

중국은 예로부터 음식으로 유명했다. 하늘을 나는 것 중에는 비행기 빼고는 다 먹으며 네 발 달린 것(짐승) 중에는 책상 빼고 다 먹는다는 말이 있었다. 한국도 알뜰하게 소내장부터 꼬리까지 다 먹는 나라이기는 했지만 중국과는 비교도 안 된다는 것을 이번에 알게 되었다. 한국에서는 박쥐를 먹는다는 얘기를 들어보지 못했는데 이번 코로나 바이러스의 숙주는 박쥐라고 한다. 그리고 그것이 천산갑으로 옮겨가 퍼졌다는 설도 있다. 천산갑이란 동물은 들어보기도 처음인데 실제 모양을 보니 작은 악어 모양으로 갑옷 모양의 비늘로 덮여있어서 징그럽기가 보기도 싫을 정도다. 길이가 30~40cm에 이르는 긴 혀로 주로 개미나 흰개미를 잡아먹는다고 한다. 비늘은 예로부터 갈아먹으면 종기를 가라앉히고 혈액순환에 좋다고 하여 한약재로 쓰인다고 하는데 화학적으로는 우리가 깎아버리는 손톱 발톱과 다름없다고 한다.

지구에는 가끔 인간이 손쓰기 어려울 정도의 전염병이 돈다. 14세기에 유럽을 강타한 페스트는 흑사병이라 불리며 유럽 인구의 삼 분의 일을 죽였다. 16세기에 아메리카 대륙에 퍼졌던 천연두는 인디오의 95%를 죽였다고 한다.

태초에 하나님이 천지를 창조하시니라. 땅이 혼돈하고 공허하며 흑암이 깊음 위에 있고 하나님의 영은 수면 위에 운행하시니라. 하나님이 이르시되 빛이 있으라 하시니 빛이 있었고 빛이 하나님이 보시기에 좋았더라. 하나님이 빛과 어둠을 나누사 하나님이 빛을 낮이라 부르시고 어둠을 밤이라 부르시니라. 저녁이 되고 아침이 되니 이는 첫째 날이니라. 성경에서 다루는 지구의 나이는 6~7천 년이다.

현재의 과학이 밝혀낸 바로는 138억 2000만 년 전에 우주 대폭발이 있었다고 한다. 46억 년 전에, 지구가 처음 만들어졌고, 지구의 지표 온도가 현재 온도와 비슷해진 것은 35 억 년 전이었다. 폭발 당시 지구는 대혼돈 상태였음이 상상된다. 그러나 빛은 하나님이 있으라 해서 생긴 것이 아니고 태양이 있으니 빛이 있었고 지구가 돌게 되니 밤이 있게 된 것이다.

자연이 생기니 처음 박테리아나 아메바 같은 단순 생명이 생겼고 차츰 원조 인간도 생겨났으리라. 수십만 년 동안 인간은 원시시대를 벗어나지 못하고 자연을 벗 삼아 살았다. 도구를 만들어 쓰고 지혜를 갈고 닦아 인간은 수를 늘려갔다.

기원 전 5세기에는 도시 국가가 생겨났다. 그때부터 인간은 전쟁을 시작했고 지구상에서 전쟁이 없던 시기가 거의 없었다. 전쟁과 전염병이 인간의 수를 줄이는데 큰 역할을 했으나 그 시대의 인간들은 순수성이 살아있었다.

19세기 영국의 산업혁명은 지구상에 큰 변환점을 가져왔다. 사람이 하던 일을 기계가 하게 되고 문명시대가 되었으며 인간의 수가 폭발적으로 늘었다. 자연에서 얻는 것이 아닌 대량생산으로 인간은 편해졌으나 찰리 채플린의 영화에서 보듯 인간은 기계의 부속품으로 전락되기도 했다.

산업사회에 대한 비판이 생겨났다. 1970년대 미국에서 18년 동안이나 계속된 폭탄 배달 범죄로 세 명의 사망자와 다수의 다친 사람들이 생겨났다. FBI에서는 '유나바머'라는 이름으로 특수팀이 생겼다. 20여 년 만에 범인을 잡고 보니 그는 아이큐 168의 하버드 대학을 나온 수재였다. 그는 몬태나주의 한 오두막에서 살고 있었다. 그가 쓴 논문 '산업사회의 미래'에서 그는 문명이 발달하면서 그것의 노예가 된 인간의 모습에 환멸을 느껴 바꿔보고자 경종을 울리려고 한 행동이었다고 했다. 그의 의견에 동조하더라도 그렇게 과격한 방법으로, 한 사람의 힘으로는 지구를 바꿀 수 없다는 생각이다. 사람들이 문명화되어 갈수록 인간성은 사라지고 지구는 황폐해지는 것이 느껴진다. 한 사람의 힘으로 될 일은 아니지만 그렇다고 내버려 둘 수도 없다.

우주 대폭발로 지구가 생겨난 지 46억 년, 인간의 역사 7천 년, 태어나서 자리 잡고 산 것은 얼마 되지도 않았는데 지구는 벌써 병든 상태다. 끊임없는 전쟁과 전염병, 예측

할 수 없는 기후변화가 어떻게 지구를 망가뜨릴지 모른다.

어떻게 될 것인가, 지구의 미래는.

# 어떻게 맞이할 것인가

나이 칠십이 넘으니 자꾸 잉여 인간이라는 생각이 든다. 키워주던 손자도 스스로 자립을 하게 되니 그나마 의미를 부여했던 일에서도 해방이 되었다. 매일 하는 일이 건강하게 늙겠다고 하는 운동과 취미생활, 가끔 친구를 만나 밥을 먹으며 일상사를 얘기하는 것뿐이다. 사회에 큰 기여를 한 것도 없으니 언제 죽어도 남에게 애석하다는 소리를 들을 것도 없는 삶이다. 가끔 어떻게 죽어야 할까를 생각하며 가장 바람직한 죽음을 상상하기도 한다. 그런데 만나면 어디가 아프다는 얘기가 주 화제인 친구들 모두가 아직은 칠팔월의 소나무처럼 창창하다. 파안대소를 부르는 건망증은 심해지지만 사고에 빈틈이 없고 때로 지혜롭기도 하다. 그런 사람들에게 이제 그만 죽으라 한다면 어떨까. 너무 가혹하다.

인간의 수명은 몇 살이 가장 적당한 것일까. 백 세 시대에 그것처럼 미련한 질문도 없을 것이다. 김형석 교수처럼 백 세에도 강연을 다니는 분이 있는가 하면 육십 세에 심한 치매로 고생하는 사람도 있다. 정신이 멀쩡하고 몸도 남에게 폐를 끼치지 않는다면 몇 살을 살든 나름 인간적인 의미 있는 삶이라고 생각한다.

요즈음 코로나19라는 전염병의 발병으로 세계가 들끓고 있다. 어제 TV에서는 지구촌의 아비규환이라는 제목의 영상을 보여주었다. 사람들로 발 디딜 틈 없던 유명 관광지가 물 빠진 갯벌처럼 황량하게 변한 모습을 보니 지구 멸망 후의 공허한 모습을 보는 것 같아 섬뜩하다.

중국 우한에서 시작된 바이러스가 우리나라로 오더니 유럽과 미국을 거쳐 전 세계로 전파가 되었다. 사람들끼리 대면을 하지 말라고 해서 식당이나 놀이터, 종교시설까지 폐쇄가 되었으니 나라마다 난리가 났다. 음식업, 여행, 숙박업소가 비틀대니 사회의 근간이 무너진다.

세계적으로 사망자가 5만 명이 넘게 되니 유럽 각국에서는 코로나 대책 연령차별이 나오게 되었다. 영국에서는 증상이 있어도 70세 이상은 병원이 아닌 자가 격리를 검토한다고 한다. 확진자 중에 젊은 사람을 먼저 살려야 한다는 이야기인데, 그것이 오랫동안의 경험에서 우러난 합리적인 결정이라고 한다. 유독 사망자가 많은 이탈리아 일부 지역은 나이에 따라 치료 우선순위를 정할 계획이라며 80세 이상은 우선 치료 대상에서 제외하려는 움직임이 있다고 한다. 스웨덴의 스톡홀롬에서는 젊은 사람들은 면역력이 강하니 고령자만 감염조사를 하기로 했다는 소식도 있다.

스웨덴의 예외가 있기는 하지만 국민의 반이 희생되어야 하는 전염병이 있다면 당연히 늙은 사람보다는 젊은 사람을 살려야 할 것이다. 하지만 노인이라고 불리는 사람들은 이럴 때 어찌해야 할까. 현대판 고려장에 동의할 수 있을까.

노인을 생각하면 도스트에프스키가 쓴 소설 '죄와 별'이 생각난다. 그 소설에서 가난한 대학생 라스콜리니코프는 전당포의 주인인 노파를 죽인다. 범상치 않은 자신은 세상에 해악이 되는 노인을 죽여도 법에 저촉되지 않는다는 신념을 가지고서다. 전당포의 주인이 노인이 아니어도 죽였을까. 노인은 사회에 도움이 안 된다는 사실, 더욱이 고리대금으로 없는 사람들을 착취하고 있다는 사고, 그런 현실에 대한 불합리한 인식이 소설에서는 꽤 설득력 있게 묘사된다. 물론 그가 살인을 한 후에는 엄청난 후회와 죄의식에 빠지게 되고 소냐라는 여자의 권고로 자수하게 된다.

소냐는 창녀였으나 순수한 영혼의 소유자였다. 라스콜리니코프는 소냐의 권고로 자수하여 8년의 형기를 갱생의 기쁨으로 받으니 순수한 영혼이 그를 구원한 것이다.

죄와 벌을 떠올리면서 노인을 생각한다. 노인의 입장에서 도스트에프스키가 글을 쓴다면 시시각각 다가오는 죽음의 공포를 그는 어떻게 묘사했을까. 열 살에 처음 인식한 죽음이건만 젊을 때는 실감하지 못했다. 50대 60대 70대. 죽음에 대한 생각이 다르다.

파도가 몰려온다. 피할 길이 없다. 옴쭉달싹 못하고 앉아서 파도를 기다려야 하나. 아니면 발버둥을 쳐보나. 노인은 생각한다. 어떻게 맞이할 것인가. 서서히 다가오는 죽음의 그림자를.

# 생로병사

친구가 고관절 수술을 받았다. 나이 칠십이 되는 그녀 평생에 처음 받아보는 대수술이다. 고관절 수술은 대개 나이 들어 잘못 넘어져 부러졌을 경우에 하는 줄만 알았다. 그녀는 아직 아픈데 없이 쌩쌩했다.

그런데 이삼 년 전부터 다리가 좀 아프다고 하더니 최근에는 걸을 때 너무 아프단다. 승용차를 타려면 오른쪽 다리를 손으로 들고 올려야 한다고 했다. 이성형 고관절 때문이란다. 그것은 운동이나 다른 방법으로는 좋아질 수가 없는 통증이라고 했다.

수술을 받기로 결정한 후 그녀는 의사를 만날 때마다 미소를 짓는다. 자신과 의사의 관계가 찌푸려지지 않도록 환한 웃음을 주고 싶다는 것이 이유였다. 이왕, 수술을 하기로 했으니 수술이 잘되고 못되고는 자신이 걱정해서 될 일이 아니기 때문에 할 수 있는 일이 그것밖에 없어서라고 했다.

그럼에도 그녀는 자기가 늙었다는 것은 실감하지 못하는 듯했다. 수술 전날 가벼운 마음으로 제 발로 걸어 들어가 입원을 하였으니 말이다.

수술받기 전날, 그녀는 나이 순서대로 수술을 한다는 소리를 들었다. 수술이 처음이니 처음 듣는 소리였다. 하지만 노인을 배려해서 그럴 수도 있겠다는 생각을 했다.

수술받는 날 아침 일곱 시 반에 수술을 한다고 그녀를 태우러 이동침대가 왔다. 첫 수술이란다. 첫 수술이면 오늘 수술할 사람 중에 자신이 제일 나이가 많다는 것이 아닌가. 그녀는 너무 충격을 받았다. 나이 칠십이지만, 그리고 수술을 받지만 자신은 아직도 늙은이라는 생각을 한 적이 없었기에 황당했다. 수술에 대한 두려움보다 더한 충격에 휩싸여 그녀는 수술실로 밀려 들어갔다.

그때를 계기로 그녀는 수명 대비 자신의 현시점이 어디인지를 깨닫게 되었다.

퇴원한 지 한 달이 되어간다. 창밖으로 보이는 빈 나뭇가지가 바람에 흔들린다. 11월 말의 풍경이 스산하다. 까치밥이라고 남겼던 몇 개의 감도 다 없어진 지 오래다.

태어나서 늙고 병들어 죽는 것이 사람의 숙명이다. 사람뿐만 아니라 천지 만물이 모두 그렇다. 건강할 때는 모르고 지나쳤던 이 법칙을 깨달아 되돌아보았다고 했다. 생生 노老도 지나 그녀는 지금 병의 절기에 와 있다. 그런데 아직도 노에 머물러 있다고 생각했으니 철이 없었던 거다. 철딱서니 없는 그녀가 바로 나다.

거대한 코끼리에 쫓겨 걸음아, 나 살려라 도망을 치는 사람이 있다. 코끼리의 코가 사람을 덮치려는 순간 천 길 낭떠러지로 이어지는 구멍으로 떨어졌다. 구멍으로 떨어지면서 칡넝쿨을 잡아 다행히 낭떠러지로 떨어지지는 않고 구멍 속에 대롱대롱 매달려 있게 되었다.

충격이 가신 뒤에 자세히 보니 굴 바위틈 사이에서 꿀이 떨어지고 있었다. 그 사람은 그 꿀을 받아먹으며 목숨을 지탱했다.

어느 날 위를 보니 흰 쥐와 검은 쥐가 교대로 칡넝쿨을 갉아먹고 있었다. 그런데도 그 사람은 꿀 받아먹는 재미에 빠져 칡넝쿨이 끊어지는 것을 잊고 살았다.

어디선가 본 글의 내용이다. 생 로 병 사를 잊고 살던 나의 모습인 듯하다.

# 변해야 산다

제행무상諸行無常이라는 말이 있다. 우주 만물은 항상 돌고 변하여 한 모양으로 머물러 있지 않는다는 말이다. 십 년이면 강산도 변한다는 말도 있다. 십 년 넘게 주택에 살다 보니 그 말은 겨울 추위에 소름이 돋듯 생생하게 피부에 와 닿는다.

우리 집 마당 가장자리에 심은 경계수가 자라 이제는 해마다 가지를 잘라주어도 빈틈없이 빽빽하게 되었고 모양으로 심은 소나무도 너무 자라 마당을 좁게 만든다. 그저 파랗게만 보이는 잔디 밑으로는 온갖 잡초와 땅벌레들이 변화를 위해 매일 분주하게 오간다. 집을 짓고 처음 입주했을 때의 모양을 생각하면 땅 평수에 비해 너무 우거진 나무 때문에 두렵기까지 하다.

매일 오가는 마을길을 달리며 차 안에서 산을 바라본다. 산을 헤집어 파고 집들이 들어서서 산 하나가 반 토막이 되는가 하면 새로운 품종을 심어 나무 이식을 하려는지 산의 나무가 잘려 벌거숭이가 되기도 한다. 그냥 두면 나무로 울창할 움직이지 않는 산조차도 이렇게 변하니 제행무상이라는 말이 실감난다.

모든 것은 이렇게 변하고 있는데 사람만 변하지 않는다. 대개의 사람들은 나이를 먹을수록 완고해지고 이기적이 되어간다.

젊은 제자 몇 명이 요양원에 있다는 스승을 찾아갔다. 선생님이 계신 방을 찾아 방문을 들어서려는데 열린 문 안에서 철썩 따귀 때리는 소리가 났다고 한다. 병실 안으로 들어가 본즉 교수님이었던 스승은 무엇을 잘못했는지 볼이 벌건 채 서 있었다는 것이다. 요양원의 실태, 횡포를 취재한 무슨 TV에서 보았다고 지인이 들려준 이야기다.

이 말을 듣고 분노하다가 어떤 요양사의 이야기를 들었다. 요양사의 질이 천차만별이고 고객(?)을 그런 식으로 대하면 안 되는 것은 확실하다. 그런데 환자 중에는 젊은 날의 명예나 권위에서 벗어나지 못하고 요양사를 하인이나 머슴으로 부리려는 사람이 있다는 것이다. 소변을 싸서 기저귀를 갈아야 하는데 번번이 애를 먹이거나 사람을 무시하는 태도를 보이면 한 사람만을 위하여 시간을 낭비할 수 없으므로 어쩔 수 없이 거칠게 다루어야 할 때도 있다는 것이다.

제자들에게 하늘 같았던 교수님은 어째서 따귀를 맞았을까. 여러 생각이 머리를 휩쓸고 지나간다. 예전의 권위 의식을 버리지 못했을까, 그래서 아랫사람의 명령에는 순종하지 못했던 걸까. 나이 들어 상황판단이 어려워져서 예전의 버릇을 못 버렸나 하는 생각이 안타까움으로 밀려왔다.

나도 나이가 드니 교수님의 이야기가 남의 이야기 같지 않다. 그래서 늙어가며 젊은 사람들에게 대우받아야 한다는 생각을 버리고 상황에 맞게 나 자신도 변해야 한다는 다짐을 자신에게 되뇌는 것이다.

## 죽음에 대한 짧은 생각

'나는 죽기 싫다'

아흔네 살의 시어머니가 돌아가시기 사흘 전에 k씨에게 했다는 말이다. 죽음이 무엇이기에, 어차피 가야 할 길을 가면서 사람들은 도살장으로 끌려가는 소처럼 버둥거리는 것일까.

어렸을 때의 추억이 별로 없고 잘 기억하지도 못하는 중에 햇빛을 받아 반짝이는 물방울처럼 또렷이 떠오르는 기억이 있다. 열 살쯤 되었을 때, 아니면 여덟아홉 살쯤이었나. 어느 날 밤 내 머릿속에 죽음이라는 의식이 선명하게 떠올랐다. 그리고 그때 나는 절대로 죽지 않겠다고, 무슨 짓을 해서라도 나는 죽음을 이기고 영원히 살 것이라고 굳게 다짐했다.

그 후 죽음을 잊은 적은 없지만 삶에 이끌리며 삶에 취해 여기까지 왔다. 그리고 이제 다시 죽음에 천착하게 될 나이가 되었다. 물론 지금은 나만은 죽지 않을 것이란 생각이 얼마나 순진하고 무지몽매했었다는 것을 알게 되어 웃음이 나온다. 우리는 어디선가 와서 인생을 살고 생로병사의 과정을 거쳐 다시 어딘가로 가야 한다. 나도 어쩔 수 없이 죽을 수밖에 없다는 사실은 명확하다.

우리는 어디에서 왔고 또 어디로 가는가. 우리가 가는 곳에서 우리는 왔고 또 살다가 우리는 왔던 곳으로 간다. 그것이 순환이고 윤회이며 또 연기緣起이다.

우리는 보이는 것에 안도감을 느끼고 보이지 않는 것을 두려워한다. 색즉시공 공즉시색色卽是空 空卽是色이라는 말을 알면서도 이해하지는 못한다. 죽으면 육체는 썩어 자연으로 돌아간다는 것을 알면서도 나라는 정신(공)은 어디로 가는가 두려워한다. 살아서는 가보지 못한 곳이기 때문이다. 내我가 무아가 되는 것을 두려워한다.

죽으면 나는 무아가 되고 공으로 돌아간다. 무아가 되면 두려워할 내가 없으니 죽음을 두려워할 필요도 없다. 그래서 철학자 루크레티우스는 죽음은 존재의 소멸이므로 결국 소멸하는 자에게 죽음이란 아무런 의미가 없는 것이 된다고 했다.

바람이 분다. 맑은 공기가 내 코를 간지럽힌다. 눈에 보이지는 않지만 나는 느낄 수 있다. 그 공이 연기법에 따라 폭풍이 되고 돌풍을 일으키기도 한다. 삶과 죽음이 있는 본래 그 자리는 시작과 끝이 없는 대자연의 현상일 뿐이며 죽음은 태어난 바로 그곳, 본래 그 자리로 되돌아감에 불과한 것이라는 말도 있다.

노인이 살아생전에 죽기 싫다고 했지만 죽는 순간에는 죽음에 대한 인식이 없었으리라. 죽고 난 뒤에는 더더욱 두려워하는 마음을 느끼지 못할 것이다. 그러니 죽음을 두려워할 필요는 없다. 이번 생을 즐기고 자유롭게 살면 된다. 지금 그대로가 행복이다.

# 제3부

# 그 남자의 순정

그를 처음 만난 것은 수필을 쓰는 모임에서다. 검은 머리는 한 올도 없는 흰 머리, 베토벤처럼 또 안 묶은 배추처럼 헝클어져서 휘날리는 듯한 머리로 그는 첫인상을 강하게 남겼다.

군살이라고는 하나도 없는 그의 마른 몸은 강한 인상과 달리 몸이 재서 젊지도 않으면서 식사 후 커피를 뽑아오는 것은 언제나 그의 몫이었다. 그만큼 상냥하기도 했다. 그런 그가 음식을 가려 이것저것 안 먹는 것을 의아하게 보자 그는 암 수술을 받은 지 5년이 안 되었다고 했다. 머리에 종양이 생겨서 뇌수술을 받았다는 것이다. 양평에서 만나는 사람들 중에는 많은 사람들이 이렇게 건강을 위해 맑은 공기를 찾아왔기에 우리는 그런가 보다 했다. 그는 전원주택을 짓고 부인과 단란하게 살고 있었다. 그리고 점점 격의 없이 지내게 되었다.

어느 날 그가 태어난 해를 말했고 나는 그와 동갑이라는 것을 알았다. 학교에 다닐 때에는 친구들이 모두 동갑이거나 한 살 차이다. 사회생활을 시작하고 차츰 나이를 먹어가고 늙으면 주위에서 동갑 나이를 만나는 것이 흔하지 않다. 동성의 동갑 친구를 만나도 반가운데, 이성의 동갑 나이라니. 나는 그가 허물없이 느껴졌다.

어느 날, 그가 내게 J고등학교를 나왔느냐고 물었다. 내 책에서 이력을 본 모양이다. 나는 반갑게 그렇다고 했다. 그가 다시 고등학교 때 친구 김혜숙을 아느냐고 물었다. 나는 김혜숙이 생각나지 않았다. 그는 J여고에 다녔던 김혜숙과 친했다고 했다. 같은 교회를 다니며 성가대도 같이 했고 잘 알았다고 했다. 그러면서 그는 만나보고 싶다는 말을 했다. 나는 누군지 얼굴도 기억나지 않으나 혹시 연락처를 알게 되면 알려 주겠다고 했다. 그날 집에 와서 고등학교 졸업앨범을 펼쳐보았다. 한 반이 아니라 친하게 지낸 기억은 없으나 낯익은 얼굴에 김혜숙이 있었다.

그리고 일 년이 흘렀다. 고등학교 총동창회가 열린다는 소식이 왔고 카톡방이 만들어졌다.

어느 봄날 동창회에 가서 나는 김혜숙에 대해 물었다. 미국에서 왔다는 친구가 그녀도 미국에서 산다고 했다. 같은 동네는 아니지만 서로 연락도 하고 잘 안다고 했다. 내가 옛날에 알았던 사람이 보고 싶어 한다는 이야기를 했더니 미국서 온 친구는 질색했다. 현숙이의 남편은 목사인데 지금 몹시 아프다고 했다. 그 애는 지금 경황이 없으니 그런 말은 꺼내지도 말라고 했다. 나는 연락처만 받아 들고 알았다고 했다. 그리고 그에게 미국의 연락처를 알려주지 않았다.

피천득 선생님의 수필 '인연'이 생각난다. 오십여 년의 세월이 흐른 후에 옛 인연을 만나는 것이 과연 옳은 일일까. 답은 정해져 있다. 그분도 아니 만나느니만 못하다고 했다. 그도 수필 '인연'을 읽었을 것이다. 그런데도 만나고 싶다는 마음은 무엇일까. 연인이었던 것일까. 아니면 짝사랑을 했던 것일까.

나는 동갑 친구의 마음을 알 것 같았다. 그는 젊었던 그 시절이 좋았던 것이다. 돌아올 수 없는 그 시절이 그리운 것이기에 그 시절의 추억인 그녀가 보고 싶은 것이다. 그 때를 되돌린들 어쩔 것인가, 라고 하기 전에 나는 그의 순수한 마음을 이해할 것 같다.

다시 일 년이 가고 가을이 되었다. 모교에서 큰 행사가 열렸고 그 때문에 카톡이 바쁘게 울렸다. 그런 중에 현숙이가 한국에 왔다면서 행사에 참석한 사진을 올렸다. 사진에 올라온 현숙이는 내가 기억하지 못하는 얼굴, 나이보다 젊어 보이는 팽팽한 얼굴로 사진에 나왔다. 그 애는 부유해 보이는 미국의 집 사진을 올렸고 얼굴도 편안해 보였다.

다음 날, 나는 동갑 친구에게 현숙이가 한국에 왔다는 소식을 전했다. 그는 다시금 현숙이를 만나고 싶다고 했다. 혹 연락이 되면 내 이야기를 해보고 만나기 싫다면 안 만나도 좋다고 내게 말했다. 그러면서 옛날 현숙이 아버지가 은행장을 했으며 집도 멀지 않은 같은 동네에 살았다는 이야기도 했다.

카톡에서 현숙이 연락처를 수소문해 그 애와 통화가 되었다. 그 애의 목소리는 얌전한 모습과 달리 예상외로 씩씩했다. 언니네 집에 한 달 예정으로 머물고 있다고 한다.

'남편이 아프다는 얘기 들었어.'

'응 돌아가신 지 6개월 되었어.'

'그래? 몰랐네. 상심이 크겠다. 그럼 친정에 좀 더 있지 왜?' '아들이 척추를 다쳐서 물리치료를 받는데 내가 있어야 돼. 그래서 오래는 못 있어. 우리 딸의 애들도 봐줘야 하고.'

'바쁘구나, 내가 왜 전화했느냐면 너를 안다는 사람을 만났는데 너도 아나 싶어서'

‘누군데?’

‘송하진이란 사람이야.’

‘송하진? 나는 모르겠는데’

‘옛날에 같이 교회에 다녔고 너희 아버지가 은행장을 하셨다고 하던데’

‘아니 지점장이셨지. 그런데 나 송하진이란 이름 처음 들어봐’

‘그래? 그냥 궁금해서 한 번 물어봤어. 너를 안다기에 반가워서. 그럼 잘 지내다가 가’

전화를 끊은 후에 나는 할 말을 잃고 멍한 채 그 남자의 순정에 대해 생각했다.

## 아들이 같이 살자는데

화창한 봄날의 끝자락이었다. 갑자기 카톡에 '이선영씨 남편 소천'이라는 문자가 올라왔다. '어? 무슨 일이야?' 친구들은 모두 믿을 수가 없었다. 코로나19가 위세를 떨치기 두 달 전에도 동창회에 나온 선영이의 말이 모두의 귓가에 생생하게 남아있었기 때문이다. 손자 손녀까지 있는 아들 내외를 불러 한 상을 거하게 차렸는데 무엇이 마음에 안 들었다고 남편이 그 상을 뒤집어엎었다는 것이다. 아들 내외뿐 아니라 아이들이 보는 앞에서까지. 그러니 도저히 살 수가 있겠느냐고, 이혼을 해야겠다는 말을 했던 것이다. 팔 남매의 장남에게로 시집간 그 애에게 무슨 일은 없었겠냐마는 거의 매번 만날 때마다 이혼 소리가 나오는 그녀의 스토리는 그냥 재미있는 한 편의 드라마였다. 그런 남편을, 사랑하는 친구가 이혼을 한다는 것은 괜히 해보는 소리라는 것을 우리 모두는 경험을 통해 알고 있었다. 그런데 돌아갔다니. 그렇게 기세등등하고 건강했던 사람이 왜?

코로나19로 발이 묶인 우리는 아무도 장례식장에 가지 못했고, 그녀도 가족만의 단출한 장례를 치렀다고 했다. 김해에 있는 선영에 가서 삼우제를 지내고 왔다는 다음날 나는 조심스럽게 두 번째 전화를 했다. 처음에는 소식을 듣고 놀란 인사의 전화였고 두 번째는 위로의 전화였다. 이런 때 위로란 것이 가당한 일일까 싶으면서도 오십여 년의 친구가 할 수 있는 일이라고 생각했다.

걱정과 달리 친구는 평소처럼 시원하게, 하고 싶은 말을 다 했다. 남편과 함께 길을 건너려고 서 있는데 갑자기 남편이 쓰러졌단다. 소리를 쳐 인공호흡을 해줄 수 있는 사람을 주위에서 구하고 119를 불렀다고 했다. 마침 큰 병원도 멀지 않은 곳에 있어서 삼십 분 내로 병원에 도착했다고 한다. 그러면서 심장마비로 쓰러진 사람은 삼십 분이 중요하다더니 그것도 아니더란다. 병원에 도착했을 때는 이미 숨을 거둔 뒤였다고.

죽은 남편의 이야기를 하는 그녀는 평소와 똑같았다. 본인도 지금 도저히 실감이 나지 않는다고 한다. 나도 이해할 것 같다. 그러나 시간이 지나면 그녀의 상실감이 뼈에 사무칠 때가 올 것이고 그것을 생각하니 가슴이 너무 아팠다.

그 후 일 년이 지났다. 이야기를 들어주는 것이 필요할 것 같아 가끔 전화한다. 처음에는 남편이 너무 일찍 간 것 같아 창피하다고 했다. 나는 말도 안 된다고 했지만 이해할 수도 있을 것 같다. 내가 40평 아파트를 좀 줄이는 것이 어떻겠느냐고 했더니 모두 그렇게 말하는데, 자기는 그냥 살 거라고 한다. 내 느낌으로는 남편의 숨결이 남아있는 그 집을 떠나기 싫은 것 같은데, 그 말은 않고 화초 키우기가 취미이고 혹 아이들이 와도 묵을 방이 있어야 한다는 것이다. 나름 바쁘게 지낸다고 하는데 내가 전화하면 한 시간 이상씩 붙들고 있는 것에 그녀의 외로움이 짙게 느껴진다. 보지 않고 말만 들으면 그녀는 씩씩하다. 그러나 남편과 했던 여행 이야기나 남편이 해주었던 그녀의 옷장 정리 이야기를 들을 때면 애잔하다.

그러던 어느 날 갑자기 내게 '큰아들이 같이 살자는데 어쩌면 좋을까' 묻는다. 평소에 큰며느리가 너무 착해서 천사 같다고 했던 친구다. 다른 친구들이 들으면 '너 미쳤니?' 할 소리다. 요즈음 열에 아홉은 자식과 같이 안 산다는 시대가 아닌가. 나는 그녀에게 웃으며 '천사 같은 며느리 악마 만들지 말고 같이 살 생각 마' 하고 잔인하게 말했다. 그리고 영 마음이 좋지 않았다.

남편이 친구들과 4박 5일 여행을 간다고 한다. 퇴직 후 집에만 있는 남편이니 두 팔 벌려 그의 여행을 축하해 주었다. 나도 모처럼 자유의 몸이 되니 그 해방감이 이루 말할 수 없이 좋다. 이 나이쯤 되면 음식을 대강 준비해 놓고 나가면 찾아 먹으니 남편의 끼니 때문에 못 나갈 일은 없다. 아이들도 다 떠나고 둘이 사니 구속받을 일이 없는데도 해방감을 느낀다는 것이 아이러니하다. 그래도 식사 준비에서 놓여난다는 것은 여자에게 보너스나 마찬가지다.

홀몸이 된 첫날에는 친구도 만나고 시간에 구애받지 않고 늦은 오후를 즐겼다. 다음 날, 아침을 준비할 일이 없으니 마냥 게으름을 피우며 침대에서 뒹굴었다. 맥이 빠진 채 겨우 일어나 남아있는 음식으로 아침을 먹고 신문을 보고 늦은 점심을 때웠다.

남편이 외출하는 날은 나도 그에 맞추어 할 일이 많았는데 아예 며칠을 오지 않는다니 내게 주어진 시간이 너무 길기만 하다. 나갔다 빈집에 들어오는 것도 그렇고 하루 종일 말 한마디 할 일이 없는 것도 생소하다. 밤의 어두운 장막이 나를 덮어씌우면 나는 외마디 소리도 지르지 못하고 허우적댄다. 모든 일에 신경이 곤두서기도 하고 사는 게 무의미하게 느껴지기도 한다. 각자 다른 방에서 일어나서 멀뚱히 아침

인사 한 마디 없이 시작되는 하루에도 시간이 되면 밥을 차리고 '싱거워요, 짜요, 이거 줘요, 저거 줘요?' 하는 몇 마디 말을 하는 것이 그립다. 젊을 때는 몰랐던, 나이 먹어 느끼는 고독을 절절하게 느낀다. 둘이 살면서 느끼는 그 고독이 혼자가 된 뒤에는 또 어떻게 느껴질까. 감히 상상도 하기 어렵다.

나는 친구에게 전화를 했다. 살자고 할 때 한번 살아보라고. 서로 상처를 입고 또 따로 살게 되더라도 한번 살아보라고. 그 친구는 솔직하고 직선적이니 오래 같이 살 수도 있고 또 바로 정리를 할 수도 있을 것이다. 그랬더니 그녀가 웃으며 말한다.

"얘, 며느리에게 같이 안 살겠다고 했다. 여러 사람에게 물었는데 모두 같이 살지 말라고 하더라. 걱정 마, 아직은 나도 매여 살기 싫으니."

그녀의 목소리에 힘이 넘치니 나도 마음이 놓인다.

# 실수

'쨍그렁'

실수로 떨어뜨린 접시가 소리를 내며 산산조각이 났다. 말로 표현하지는 못하면서 본능적인 두려움에 휩싸인다. 오늘 하루 무슨 안 좋은 일이 생기려나. 식구 누군가에게 나쁜 일이 생기면 어쩌나. 그 순간 어떤 선사의 말을 떠올리며 불안감을 애써 지워버린다. '문턱에 걸리면 넘어지는 것이다.' 그 이상도 이하도 아니라고 했다. 어떤 주체가 있어서 그렇게 만드는 것이 아니라 그냥 걸리니까 넘어졌다는 것이다. 누군가의 말처럼 물리의 법칙인 것이다.

그릇 하나를 깨뜨리는 작은 실수 하나에도 이렇게 마음이 쓰인다. 나이가 칠십이 넘어 이사를 하려니 그동안 쓰지도 않는데 불어난 그릇, 접시들이 말도 못 하게 늘었다. 그래서 버려야 하는데 그냥 버리기 아까우니 혹 깨뜨리면 잘됐다고 생각했다. 그 후로 그릇이 깨지면 느끼는 불안감에서 헤어날 수 있었다.

작은 실수 하나에도 마음이 쓰이는 것이 사람이다. 그러니 실수로 한 행동은 잊어버리는 것이 최고다. 말로 한 실수는 사과를 하면 기분이 나아진다. 인간이 저지르기 쉬운 여섯 가지 실수, 실수 명언 10선 등, 실수에 대한 대처법도 많다. 사람이 매일 저지르는 일이니 이런 방법도 필요하게 된 듯하다.

말실수로 인한 파장, 단순히 사과로 끝날 일이 아닌 실수 하면 나는 제일 먼저 떠오르는 것이 '테스'다. 토마스 하디의 소설 '테스'의 주인공 이름이다.

그녀는 첫날밤에 남편의 꼬임에 빠져 '나는 처녀가 아니다.'라는 고백을 한다. 그 때문에 아름답고 순진무구한 처녀를 원했던 남편은 떠나고 테스는 파란만장한 인생을 살게 된다. 결국에는 사형을 당하는 일생을 마치니 말 한마디의 실수 하면 이보다 클 수 없다. 처녀가 아니라는 말은 하지 말아야 했을 큰 실수였다. 요즈음 시대 같으면 어림도 없을 구시대의 남성적 시각의 희생양이지만 있을 수 있는 이야기였기에 큰 충격으로 남아있는 것이다.

육십 중반 나이에 실버 체험기에서 대상을 받은 여인의 이야기가 신문에 실렸다. 남편과 이혼을 하고 홀로서기로 분투했던 자신의 이야기를 글로 써서 상을 받았다.

종손가의 며느리로 수십 년을 살다가 이혼을 했다고 한다. 유명 대학을 나온 그녀가 이혼을 하고 직업을 가지려 하자 할 수 있는 일이 없었다. 옛날의 전공은커녕 대가족의 살림을 책임졌던 그 역량이 사회에서는 아무 쓸모도 없었다. 결국 그녀가 택한 일은 청소, 요양사, 간병인 등등의 일이었다. 갖은 곳에서 멸시를 당하고, 남자 노인을 간병하는 중에 여자를 노리개로 생각하는 늙은 남자들의 이야기도 있다고 한다.

몇 년 동안 갖은 고생 끝에 한숨을 돌린 것일까. 체험기를 써서 상을 받았으니 이제는 자신의 길을 찾았을지도 모르는데, 봄에 그 소식을 듣고 가을에 갑자기 그녀가 죽었다고 한다, 심장마비로. 내 심장도 잠시 정지되는 듯했다.

아는 사람은 아니지만 그녀의 분투에 응원을 보내고 격려의 말도 하고 싶었는데. 보지도 못했지만 나는 그녀를 떠올리면 우아하고 단아한 향기 나는 여인이 떠오른다. 그녀의 고통이 무엇이었기에 그 막중한 살림을 마다하고 이혼을 했을까. 나는 겉으로 보이는 모든 것을 능가하는 어려움이 있었다고 생각한다. 그러면서도 그녀의 이혼이 실수가 아니었을까 하는 안타까운 생각이 드는 것이다.

그렇게 아깝게, 칠십도 못 되는 삶을 살 줄 알았다면 그녀의 결정은 달라지지 않았을까. 우리는 매일 선택을 하면서 산다. 그 선택이 잘못되었을 때 실수가 된다. 혹 실수를 하더라도 인생의 앞날에 영향을 주는 정도가 아니라면 너무 연연해할 필요는 없다. 말이나 행동으로 한 실수가 누군가의 감정을 상하게 했다면 과감하게 용서를 구하고 잊어야 한다. 그러나 선택을 할 때에는 신중하고 또 신중해야 한다는 생각이다.

# 행복의 이모저모

아는 후배가 음식 사업을 시작했다고 한다. 음식점이 아니라 식당에 음식 재료를 대주는 일이라고 했다. 일 년에 한두 번은 연락을 하던 사이였는데, 바쁜지 소식이 없다.

삼 년쯤 지난 어느 날, 전화가 왔는데 기쁨에 들뜬 목소리였다. '제가 지금 벤츠를 몰고 있거든요. 제 꿈이 이루어졌어요' 한다. 축하한다고 말은 했지만 적이 놀랐다.

일생을 월급쟁이의 아내로 살아온 나는 큰돈을 갈구하거나 비싼 차를 갖겠다는 꿈을 가진 적이 한 번도 없었다. 그러니 요 모양 요 꼴로 살고 있지. 그날 이후 나는 이런 생각을 하곤 했다. 그리고 남편과의 사이가 안 좋아 돌파구를 찾던 그녀에게 이제 행복이 찾아왔으려나 하는 생각이 문득문득 들었다.

늘그막에 전원에 집을 짓고 살고 있다. 집의 삼면이 나무로 둘러싸여 있고 한쪽으로는 마을과 먼 산이 보이는 곳이다.

이사 온 지 십 년이 지났다. 어느 날, 검은 비닐봉지에 든

쓰레기를 버리려고 종이상자의 뚜껑을 열었다. 그때 후드득! 상자 속에서 나와 놀란 듯이 날아가는 새 때문에 심장이 멎을 뻔했다. 자세히 보지는 못했지만 크기나 느낌이 참새였던 것 같았다. 겨우 진정을 하고 다시 종이상자를 열어보고 또 한 번 놀랐다. 종이상자 한구석에 나뭇가지와 새털로 만든 자그마한 둥지가 있고 그 안에 작은 알 두 개가 나란히 놓여 있었던 것이다. '어머 어머' 나는 새알이 놀랄까 봐 큰 소리도 내지 못하고 집 안으로 들어왔다.

비닐봉지에 넣은 쓰레기가 서너 개 모이면 유료인 일반쓰레기 봉지에 넣어 쓰레기 수거차가 가져가게 한다. 그런데 일반쓰레기 봉지라도 뼈나 음식쓰레기가 묻어있으면 고양이가 비닐을 뜯어 놓는 수가 있으므로 사과박스 같은 종이박스에 넣었다가 버리곤 했다. 그런데 그 안에 새가 알을 낳다니. 식구들에게 그 말을 전하는 내 목소리는 떨리고 흥분에 겨웠다.

그날 이후 새가 알을 품는데 지장이 있을까봐 우리는 근처에 가는 것도 피하고 박스 쪽으로 난 부엌 창문도 열지 못했다. 십 년 만에 처음 생긴 신기하고도 뜻깊은 일이었다. 그런 일이 우리 집에서 생긴 것에 감사한 마음이다.

점심에 먹으려고 마당 한켠에 심어놓은 상춧잎을 따면서 나는 즐겁다. 이제 곧 고추도 따 먹게 될 것이다.

행복은 무엇일까. 감사한 마음, 평안한 마음이 행복일 수도 있다는 생각이 든다. 보고 있으면 눈물이 나올 것 같은 신록을 보면서 나는 앉아있다.

# 잎이 지다

대청마루에 오도카니 앉아 꽃이 만발한 벚나무를 본다. 담 너머 분분히 날리는 벚꽃에서 어릴 때 헤어진 딸아이의 울음소리가 들린다. 바야흐로 봄이었으나 나의 마음은 흩날리는 가을의 낙엽이다. 쌓인 나뭇잎이 가슴을 누르고 있다.

밖이 갑자기 떠들썩하더니 119에 실려 그년이 돌아왔다. 이제는 내 삶이 좀 바뀌려나. 사람들이 작은댁이라고 부르는 내 호칭에 변화가 있었으면 했다. 그런데 죽을 듯이 실려 간 큰마누라가 사흘 만에 멀쩡히 살아 돌아온 것이다.

딸이 사는 미국에 갔다가 한 달여 만에 돌아왔다. 그리고 며칠 후였다.

"김영식씨 작은댁이 치매에 걸렸다네"

“정말이요?”

나는 믿어지지 않아 되물었다.

“강 사장이 그러더라구. 아까 우연히 길에서 만났는데.”

같은 동네에 사는 사람이지만 원주민인 김영식씨는 이름을 불렀고 우리같이 객지에서 온 강 사장은 사장도 아니지만 강 사장이라고 불렀다. 우리가 마을 사람들과 소통하는 방식은 일 년에 두세 번 마을회관 모임에 참석하거나 아니면 김영식씨 또는 강 사장을 통해서였다. 두 사람은 추석이나 설에 우리가 작은 선물을 하는 집 중 하나이기도 했다.

며칠이 지났다. 길에서 우연히 동네 아주머니를 만났다. 내가 김영식씨 작은댁에 대해 물었다. 그녀는 사실이라며 ‘그런데 욕을 하는 나쁜 치매에 걸렸대’ 하고는 총총히 멀어져갔다.

우리 동네에는 부인 두 명과 함께 사는 사람이 있다. 전에 TV에도 나온 적이 있다고 하니 비밀은 아니다. 본부인이 젊어서 허리를 다쳐 거동이 불편해지자 작은댁을 들였다는 것이다. 김씨는 우리가 시골로 이사 와서 사귄 몇 안 되는 사람 중의 하나다. 남편이 말하기를 시골 사람이지만 사리 밝고 점잖아서 말이 통한다고 했다. 처음에는 우리도 그 사실을 알고 놀랐지만 곧 그런가 보다 했다. 가을에 사기로 한 들깨를 가지러 갔을 때 본부인이 마루에 앉은 채 돈을 받고 작은댁이 토방에서 들깨자루를 들고 나와 전해주었을 때도 그러려니 했다. 본부인은 골격이 컸고 작은댁은 체격이 팔랑개비처럼 작고 가벼웠다.

추석이 열흘 앞으로 다가왔다. 조그마한 선물을 사들고 강 사장네 집을 갔다가 김영식씨 집으로 갔다. 언제나처럼 대문은 열려 있었으나 인기척이 없다. 대문을 지나 작은 마당을 거쳐 대청의 유리 미닫이문을 두드렸다. 한참을 기다려도 아무 소식이 없다. 전에도 했듯이 문을 열고 물건을 놓고 오려고 미닫이문을 열었다. 무언가 걸려 잘 열리지 않는 문을 밀고 보니 거기 작은댁이 누워있었다. 열에 들뜬 사람처럼 얼굴이 벌겋게 달아올랐으나 정신이 없는 채로 그녀는 더 졸아든 작은 몸으로 문에 붙어 누워 있었다. 나는 사람이되 사람 같지 않은 그 모습에 겁이 나서 한쪽 옆에 물건을 두고 문을 닫고 나왔다.

황천으로 가는 강가에 앉아 배가 오기를 기다리고 있다. 배가 오면 그 강을 건너야 하리라는 것을 알고 있는데 선뜻 발길이 내딛어지지 않는다. 다섯 살 먹은 아들과 두 살짜리 어린 딸을 두고 돈에 팔려 온 세월이 나의 발목을 잡고 있다.

땅 한 평 없이 소작농이던 시숙에게 아이들을 맡기고 논 세 마지기 돈을 받아 주고 집을 나왔을 때는 그것으로 큰 일을 한 것 같았다. 그런데 어찌할까나. 어찌할까나. 자식을 떼어놓는 것은 안 되는 일이었다.

두 여자가 한 남자를 바라보고 사는 일은 채울 수 없는 허기였다. 생겨난 아이를 떼라는 말에 아무 소리 못 하고 병원으로 갔던 일 후에 나는 가끔 정신을 잃었다. 그때마다 식구들은 '몸이 약해서 탈이라'고 이웃들에게 말했다.

끔찍한 생이 다하려는 지금 나를 붙잡는 것은 무엇일까. 뜬구름 같은 생의 발목을 잡는 것이 무엇일까. 안개 낀 강 저 멀리서 쪽배가 오고 있다. 이제 일어나 배를 타야 한다.

추석 전날 아침에 그녀가 죽었다고 했다. 저녁에 부의금을 가지고 집으로 찾아가 보니 주인은 없다. 장례식장에 갔다고 한다. 그러면서 조카라는 여자가 '추석이나 지난 후에 요양병원으로 모시려 했는데 갑자기 갔다'고 한다.

돌아 나오면서 보았다. 담 옆 벚나무에서 잎 하나가 떨어지는 것을. 아직은 무성한 가지에서 잎 하나가 떨어지는 것이 이상하게도 눈에 밟힌다.

## 욕쟁이 할머니

“머 하느라고 여태 점심도 못 얻어 처먹고 댕겨!” 전라도 욕쟁이 할머니의 식당에는 점심이 끝날 때쯤 가면 이런 말이 날아온다고 한다. 그래도 밥이 모자란다 싶으면 갖은 욕을 해대며 밥에 누룽지까지 긁어 퍼준다고 했다. 욕쟁이 할머니의 음식점은 전국에 여러 곳이 있고 역사가 오래되었다. 음식 맛이 좋아야 하는 것은 당연하지만 그런 음식점의 안주인이 욕을 하면 사람들은 더 좋아한다. 내 생각으로는 대리 카타르시스를 느끼는 것 같다.

그 할머니들은 왜 욕을 하게 되었을까. 삶이 힘들고 만족스럽지 않으며 자기 힘으로 안 되는 일이 생길 때 욕을 하게 되지 않았을까. 대부분의 사람들도 자기 뜻대로 안 되는 일이 많으니 대리 욕설에 시원함을 느끼는 것이다. 그런데 세상에 대한 불만으로 시작한 욕을 하면서도 따듯한 마음을 잃지 않으니 사람들은 그런 할머니에게서 위로를 받는 것이다.

코로나19로 온 세상의 발이 묶였다. 며칠은 휴가 같아 좋아한 사람도 있을지 모르지만 한 달이 지나고 두 달, 석 달이 넘자 곳곳에서 아우성이 넘친다. 직장에 다니던 사람도 집에 있고 아이들도 학교에 안 가고 집에 있으니 삼시세끼 밥 해대느라 죽어나는 것은 여자들이다.

은퇴 후 집에 들어앉은 우리는 평소에도 주로 집밥을 먹었다. 그래도 각자 외출이 잦아 살만했는데 하루 종일 붙어있으니 신경이 날카롭다. 나이 들어가면서 각자 고집만 늘어 걸핏하면 싸운다. 남편은 울타리 안의 텃밭에 온 정성을 기울이며 시간을 보낸다. 그러면서 모종 선별부터 심는 것까지 내게 얼씬도 못 하게 한다. 고추를 너무 바짝 붙여 심은 것 같기에 40cm는 띄워 심어야 한다고 했더니 자기가 심은 게 맞는다고 나를 몰아세운다. 그리고는 다음날 누구에게 들었는지 듬성듬성 뽑아 자리를 넓혔다.

이런 식으로 다툼이 잦아지니 내가 너무 억울하다 싶을 때는 마음속으로 '지랄하네'라는 말을 씹어 삼킨다. 그런 말을 뱉을 뻔한 나도 놀랐으니 내가 그런 말을 하는 것을 들으면 남편은 아마 집을 나갈지도 모른다. 이번 기회에 나는 확실하게 깨달았다. 사람이 자기 뜻이 너무 꺾이면 그것이 상처로 남는다는 것을. 그때는 욕이라도 실컷 해서 좌절감을 해소하는 것이 건강상 좋다는 것을.

코로나19로 경제가 엉망이 되니 나라에서는 국민에게 무작정 돈을 준다고 한다. 한 세대 당 40만원에 가족 1인이 더해질 때마다 20만원을 얹어 준다는 것이니 4인 가족이면 백만 원이다. 없는 사람에게는 큰돈이지만 상위 30%에게는 껌값일 수도 있다. 코로나19로 경제가 어려워진 후에 작은 공장 사장이나 소상공인 들의 생활이 어려워진 이야기는 차고 넘친다. 앞으로 그들을 도울 비용도 만만치 않을 것이니 그런 돈은 예상하고 있어야 한다. 또 하위 50%의 국민에게 주는 돈은 과하다고 하지 않을 것이다. 그런데 모든 국민에게라니. 우리 집은 하위 50%에 들까, 아니면 그보다는 조금 위일까. 그런데도 그런 안案을 낸 분(?)들이 괜한 짓을 한다고, 미친놈들이라는 욕이 절로 나온다.

결혼하고 처음 집을 장만하면서 얻은 은행 빚 때문에 엄청나게 마음 고생을 했었다. 그 후 절대로 빚은 지고 살지 말아야 한다고 다짐했다. 국가나 가정이나 경제 원리는 마찬가지다. 정부에서 다음 세대까지 책임을 져야 하는 나라의 빚을 마음대로 늘리겠다는 것은 위험한 생각이다.

처음 하위 50% 이야기가 나왔을 때 이렇게 어려운 시기에는 당연히 도와주어야 한다고 생각했다. 하위 50%는 수

치상 적용하기도 쉽다고 한다. 그런데 인기에 영합하려고 눈치를 보며 70%로 올리니 계산이 복잡해지고 말이 많아져서 아예 모든 국민에게 주기로 한 것이다. 그리고는 기부란을 만들어 기부를 하라고 하는 코미디 같은 짓들을 한다. 위정자라는 자들의 생각이 얕고 근시안적인 사고만 하는 것이 너무 못마땅하지만 내 의견은 바위에 계란 치기 같다는 좌절감만 안겨준다. 국민으로서 의견이 있으나 무시당하는 일이 잦다 보니 쌓이는 원망이 분노로 바뀐다. 어쩔 수 없으니 욕이라도 해서 풀어야 할까 보다. 나이도 먹을 만큼 먹었으니 욕쟁이 할머니가 되어도 할 수 없다.

옛날, 어느 욕쟁이 할머니 식당에 박정희 대통령이 찾아갔다고 한다. 할머니가 말했다. "이눔아, 누가 보면 영락없이 박정희인 줄 알겄다. 그러니 이 달걀 하나 더 처먹어라."

이 이야기가 사실일까. 그 할머니는 진짜 대통령을 몰라보았던 것일까. 어찌 되었던 나는 이 이야기를 듣고 감탄했다. 이만한 배포가 있어야 욕도 하는 것인데 나는 그럴 수가 있을까.

## 미래의 죄

2020년의 겨울이다. 코로나19로 가고 싶은 곳이 있어도 마음대로 가지 못하고 친구도 만나지 못한다. 집에만 갇혀 있으니 주로 TV를 보며 지내는데 시국은 뒤숭숭하기 짝이 없다.

윤석열 검찰총장이 2개월 정직을 당하는 전무후무한 일이 일어났다고 한다. 검찰총장이 정직을 당한 것은 검찰 역사상 처음 있는 일이라고 한다. 법무부 장관과의 알력 끝에 당했다는 소식이다.

윤석열 검찰총장이 어떤 사람인지 나는 잘 모른다. 그가 검찰총장이라는 것과 나와 종씨라는 것 외에는 관계도 없다. 그런데 내가 어이없게 생각하는 것은 서너 달 전 있었던 국회에서의 일이다. TV에 검찰총장이 나오고 어느 국회의원이 질문을 했다. 내년 7월에 검찰총장 임기가 끝나면 무얼 할 거냐고. 잠시 당황하던 윤 총장이 퇴임 후 국민에게 봉사할 방안을 생각해 보겠다고 했다. 퇴임 후의 일을 다 계획해 놓았을까. 그건 모를 일이다. 그러나 갑작스러운 질문에 대한 그의 답으로 미루어 보건대 그는 지금 맡은 일을 열심히 하기에도 벅찬 듯 보였다. 그를 반대하는 사람들은 그가 내년에 정계로 나갈까 봐 노심초사한다고 한다. 정치 얘기는 하지도 않는데 그가 여론조사에서 1위를 했다고 말이다. 정직을 당한 일곱 가지의 징계사유 중에도 '여론조사 1위 등 정치 행보'가 들어있다.

그 장면을 보면서 나는 생각했다. 세상에 내년에 어떤 일이 벌어질지 어떻게 알 수 있나. 세상은 끊임없이 변하는데. 윤 총장은 지금 맡은 일을 열심히 하기를 바라는데 확실하지도 않은 내년의 일을 쪼아대다 보면 타의에 의해서 정치를 하게 될 수도 아닐 수도 있을 것이다. 세상의 모든 것은 한곳에 머무르지 않고 시시각각으로 변한다는 것을 알면 그런 문제는 애초에 거론할 필요도 없는 것이다.

불교를 처음 이론적으로 배울 때 어떤 이가 알려준 말이 삼법인이다. 삼법인三法印이란 첫째 제행무상諸行無相이요, 둘째 일체개고一體皆苦이고 셋째 열반적정涅槃寂靜이다. 두 번째에 제법무아諸法無我를 넣어 사법인四法印이라고도 한다. 제행무상은 모든 것은 영원하지 않고 항상 변한다는 것이다. 모든 것이 그대로이기를 바라는데, 나도 영원히 살기를 바라지만 그렇지 않으니 제법무아다. 영원한 실존을 바라는 사람에게는 죽음의 고라는 것이 일체개고다. 열반적정이란 그러한 도리를 깨닫고 나면 탐욕과 노여움과 어리석음이 소멸된 평온한 마음 상태, 열반적정의 세계가 있다는 것이다. 처음 이 말을 들었을 때 나는 큰 충격을 받았다. 우물 속 믿음의 세계에서 비상해 허공 밖 자유의 신선함을 느꼈던 것이다.

그 후 나는 어느 하나에 너무 얽매이지 않고 세상일에 순응하려고 한다. 그러니 여자가 변심했다고 살인을 하게 된 남자에게 연민이 생기고 가는 세월을 붙잡겠다고 발버둥 치는 사람을 보면 동정심이 생긴다. 십 년이면 강산도 변하고 사람의 마음은 어제와 오늘이 다르다.

점을 치는 사람들도 과거는 잘 맞힌다. 그러나 미래는 예측하기가 어렵다. 윤석열 총장은 내년에 임기를 마치고 정치를 할 것인가. 그가 정치를 하는 것이 죄가 될 수 있을까. '여론조사 1위 등 정치 행보'가 미래의 죄가 될 수는 없다. 아무도 모를 미래의 행위가 지금 죄가 될 수는 없기 때문이다.

# 행복하세요

오전 수영을 끝내고 건물 밖으로 나왔다. 그때 마침 건물 가까이에 차 한 대가 서더니 그 차에서 하얀 드레스를 입은 신부가 내렸다.

평생교육 센터가 있는 그 건물에는 4층에 다목적실이 있고 5층에는 뷔페식을 할 수 있는 넓은 식당이 있다. 간혹 다목적실에서 결혼식이 있다는 안내장을 본 적은 있었지만 이렇게 신부를 마주치기는 처음이었다.

웨딩드레스를 입은 그 신부를 보는 순간 내 마음은 함박눈이 처음 내리는 것을 볼 때처럼 콩닥콩닥 뛰기 시작했다. 나는 웨딩드레스의 신부에게서 눈을 떼지 못했다. 눈이 부시게 아름답지는 않지만 웨딩드레스의 순결한 추억에 취해서 나는 그녀를 애정 어린 시선으로 바라보았다. 인생의 큰 전환점이 되는 오늘 무언가 격려의 말이라도 해주고 싶었다.

넋을 놓고 바라보는 나와 그녀의 시선이 마주쳤다. 나는 큰 소리로 그녀에게 소리쳤다. "행복하세요." 그녀가 방긋 웃었다.

수영장에서 나와 헝클어진 머리의 할머니가 한 말을 그녀는 기억할까. 아는 사람에게도 상투적인 인사는 안 하던 내가 왜 그랬을까. 결혼한 지 40년이 넘어 인생의 단맛 쓴맛을 다 보고 결혼에 큰 의미도 두지 않으면서 왜 그런 소리를 했을까.

호텔도 아니고, 예식장도 아니고 초라하게 볼 수도 있는 다목적 홀에서의 결혼식. 어렵게 시작하는 결혼생활이 뻔히 보이지만 오랜만에 보는 신부에게 축하를 해주고 싶었다. 세월이 흐르면서 어려운 일이 닥칠 때 결혼식 날 들었던 행복하세요, 라는 말이 생각날 수도 있을까. 어떻든지 내가 용기 내어 행복하세요, 라는 말을 해준 그날 나는 하루 종일 행복했다.

# 아리가다이 메이와꾸

'내겐 부담스러운 시누이의 호의'라는 글이 신문에 실렸다.

직장에 다니는 주인공은 손 위 시누이가 세 명이다. 둘째 시누이가 십 년째 김치를 담가주어서 먹었는데 얼마 전 전화를 걸어 사정이 생겨 올해에는 김장김치를 못 주게 되었다는 이야기를 했다고 한다. 김치를 많이 먹지 않고 친정에서 주는 것도 있어 꼭 필요했던 것도 아니었으니 '괜찮다'고 했다. 그런데도 주던 사람은 못 주게 되었으니 '미안하다'는 말을 자꾸 했다고 한다. 그래서 주인공은 '이제까지 주신 것만도 감사했다, 걱정 마시라고. 정 모자라면 사 먹어도 된다'고 했다 한다.

집에서, 먹는 것에 큰 의미를 두지 않는 잘 나가는 요즈음 직장여성을 떠올리면 능히 상상이 가는 정경이다. 그런데 얼마 후 셋째 시누가 전화를 걸어 둘째 언니를 섭섭하게 했다고 다그치는 내용이다. 그동안 힘들게 해서 갖다 바친 사람에게 사 먹으면 된다는 말이 할 소리냐고 야단치는 내용이다.

주었으면 그다음에는 잊어버려야 하는데 주고는 베푼 호의에 대한 반응을 기대하는 데서 모든 문제가 생긴다.

전에 아는 분이 '아이 정말 아리가다이 메이와꾸야' 하던 소리가 생각난다. 누군가 필요하지도 않은 물건을 주면서 생색을 냈다고 한다. 일본말 아리가도우는 감사합니다. 메이와꾸는 남에게 폐를 끼칠 때 쓰는 말이다. 그러니 아리가다이는 감사하다고 말하지만, 말하고 싶지만, 실은 폐해다, 라는 뜻이다.

이런 경우에는 그냥 부담스럽다는 것보다 아리가다이 메이와꾸라는 표현이 더 정확한 것 같다.

아리가다이 메이와꾸는 우리 주변 곳곳에 있다.

돈이 많은 어느 시어머니는 손주와 며느리를 데리고 여행 다니는 것을 좋아한다고 한다. 아들은 직장 때문에 못 가지만 며느리와 손자는 시어머니와 할머니와 같이 여행 다니는 것을 좋아하는 줄 알고 있다. 지인이 정말 그럴까? 물어보니 자기가 돈을 다 내고 다니는데 왜 좋아하지 않겠느냐고 한단다. 돈을 다 내주는 여행이라도 시어머니와 다니는 것을 좋아하는 며느리가 몇이나 될까. 그냥 돈을 주지. 지인의 말이다. 그 며느리가 생각하기에는 그것이 아리가다이 메이와꾸일지도 모르겠다.

수술을 받고 퇴원해서 집으로 왔다. 잘 못 움직일 것에 대비해 이것저것 간편 조리 식품도 사다 놓고 밑반찬도 해 놓았다. 그렇지만 입맛이 없으니 다른 식구들을 위하여 음식을 하기도 힘들다. 먹는 것이 고역이다.

그런 때에 두 시누님이 음식을 해왔다. 입맛을 돋우는 새콤달콤한 무침들과 생선조림, 튀김 등등. 누가 해다 준 음식이 그렇게 고마운 줄 처음 알았다. 입맛이 없어서 또 한 끼를 어떻게 때우나 하고 있는데 유명 만두집에서 만두를 사온 친구들, 도시락처럼 꾸민 반찬을 해 주신 글 선배님, 나를 찾아와준 친구들.

씩씩하게 버티고 있다고 생각했는데 사실은 외로웠나 보다. 그 모든 분들에게 절절한 고마움을 느꼈다. 건강했을 때는 느끼지 못한 감정이다. 갑자기 내가 주위의 사랑을 듬뿍 받고 있다는 생각이 들면서 내가 여러 사람의 도움으로 살고 있다는 깨달음이 왔다.

내가 힘들지 않았으면 느끼지 못했을 이런 진심 어린 고마움. 아리가다이 메이와꾸가 빈번한 세상에서 반대되는 감정을 알게 된 것이 너무 감사하다.

## 속고 속이는 세상

선거철이 되었다. 여론 조사 기관이라며 가끔 전화를 받지만 응답하지 않고 끊어버린다. 말이 빨라 잘 들리지 않을 때가 많고 긴 얘기를 듣는 것이 성질 급한 사람처럼 참고 있기 힘들어서다.

어느 날, 친구들의 카톡 창에 이런 글이 올라왔다.

'여론조사 전화 안 받다가 막상 받아 응답하려고 하니까 70대는 해당이 안 된대…'

순진하기도 하지. 나는 그날 하루 종일 세상에서 밀려나는 70대의 나이인 것에 우울해했다. 우리가 주축인 세상은 멀어졌지만 정신만 멀쩡하면 아직도 세상사에 감 놔라 배 놔라 할 수준은 된다고 생각한다. 그러면서도 내가 그 전화를 받지 않은 것이 다행이라는 바보 같은 생각까지 했다. 내가 받았다면 그 충격은 더 컸을 것이다.

그런데 다음 날, 카톡에는 이런 댓글들이 올라왔다.

'아주 제꼈나봐'

'그러니까 50대라고 하고 응대해야 해~~~ 그들을 대하는 우리도 지혜롭게 ㅎㅎ.'

'거주지도 강남이라고 하면 됐다고 끓던데?

엥? 이게 무슨 소리.

나이 많아 서러워지는 것인 줄만 알았는데, 이건 완전히 정치 편 가르기가 아닌가.

70대는 안 된다는 사건의 본질은 70대는 보수이기 때문에 들을 필요도 없다는 이야기가 아닌가. 그렇지만 70년이나 살아 세상사에 눈 뜨고 보니 무엇이 되고 안 되고의 기준은 명확하다. 바른 정치가 어떠해야 하는 것인지는 누구보다 잘 안다고 생각한다. 정치도 별것 아니고 가정과 같아야 한다고 생각하는 내가 첫 번째로 아는 것은 빚이 없어야 한다는 것이다. 옛날, 집을 살 때 얻은 은행융자를 갚을 때가 되면 그 비정함에 얼마나 몸서리를 쳤던가. 나라도 마찬가지다. 그런데 이번에 출마한 사람들은 모두 돈을 퍼주겠다고 한다. 갚기도 힘든 빚이 벌써 천조나 된다는데.

위안부 할머니들을 위한다고 무슨 단체를 만들어 수십 년 이끈 사람이 있다. 단체가 유명해지니 덩달아 유명세를 타 국회의원까지 되었다. 우리는 그녀가 할머니들에게 헌신적인 훌륭한 사람이라고 생각했다. 그런데 그동안 그녀는 할머니들의 돈을 빼돌려 개인적으로 썼다고 한다. 그럼에도 국회의원을 계속하고 있다. 낯 두꺼운 인간의 전형을 보는 것 같다.

인간사가 너무 복잡하다. 국민을 위한 정치를 해야 하고 밝은 세상을 지향해야 할 정치인이 불신 시대를 만들고 있다.

# 제4부

# 사유의 방

국립중앙박물관에 '사유의 방'이 생겼다고 한다. 삼국시대에 제작된 반가사유상半跏思惟像 두 점만을 나란히 전시한 방을 만들어 '사유의 방'이라고 이름 붙였다는 것이다. 어둡고 고요한 복도를 지나서 나오는 방에 놓인 사유상 사진이 TV, 신문에 연일 나온다. 빨리 보고 싶었으나 차일피일 시간이 지나갔다. 처음에는 인산인해의 관람객 때문에 아마 자세히 보기도 힘들 터였다.

몇 달이 지난 후 잊혀질 때쯤, 미풍이 살짝 부는 사월 말의 어느 날, 반가사유상을 보러 국립박물관에 갔다. 신문 방송에서 여러 번 보아서 낯이 익은 광경을 기대했는데 어두운 입구를 지나 한참 걸어가니 긴장감이 솟는다. 어둠의 터널을 지나 드디어 넓은 방 한가운데 나란히 세워져 있는 두 개의 사유상을 보는 순간 그 자태에 탄성이 나온다. 사유상 두 점은 로뎅의 생각하는 사람에 비하면 크기가 크지는 않다.

그러나 가까이 가서 보니 그 아름다움은 충분히 느낄 수 있다. 인체의 선이 아름답고, 뺨에 댄 손의 모습도 우아하고, 넘치지도 부족하지도 않은 완벽한 미소가 나를 멈추게 한다.

커다란 원의 한가운데, 눈높이에 맞게 놓인 사유상을 돌아가며 뒷모습을 보면서 나는 갑자기 두 점의 사유상이 여자 남자로 보이기 시작했다. 왼쪽에 있는 높이 81.5cm의 사유상은 화려한 보관을 쓰고 있어서일까. 등이 파인, 주름이 진 날개옷을 입고 있는 자태가 여자보다 더 아름다웠다. 오른쪽의 90.8cm 사유상은 단순하고 절제된 양식인 세 개의 반원으로 이루어진 보관을 쓰고 상반신은 벗었다. 다리 위로만 기사를 걸치고 있으니 드러난 허리가 긴 모습이 완전 남자의 상이었다. 석가모니는 남자였으니 남자의 모습이 당연하건만 왼쪽의 보관을 쓴 상은 왜 여자로 보이는 것일까. 그런데도 원을 돌아가며 뒷모습을 보면서 나는 왼쪽은 여자라고 확신하였다. 확신에 더해 두 남녀의 기운이 당황스러울 정도로 내게 활활 전해져 왔다. 당혹스러웠다. 도대체 왜 그런 생각이 드는 걸까.

사유의 방에서 불상을 놓고 생생한 남녀의 기운을 느꼈다는 것에 의문이 들어, 나는 열흘 후에 다시 박물관을 찾았다. 같은 방에 들어가서 두 불상을 보는데 이번에는 왼쪽의 불상이 어머니로 보이고 오른쪽의 불상은 고뇌하는 젊은 남자로 보이는 것이다. 국보 78호인 왼쪽의 불상은 6세기 후반, 83호인 오른쪽의 불상은 7세기 전반에 만들어진 것이라 하니 오십여 년의 시간 차가 있다. 같은 시기에 또 같은 사람이 만든 것도 아니니 어떤 의도가 숨어있는 것이 아니다. 그런데 나는 왜 이상한 생각을 하는 것일까. 한동안 머물렀으나 그날 그 시간에 내가 본 모습은 아들의 고통을 함께 느끼는 늙은 어머니의 주름진 표정이었다.

다시 또 가서 보면 두 사유상은 내게 어떤 의미로 다가올까. 그때는 또 다른 시각으로 보게 될까. 사유의 방 입구에는 '두루 헤아리며, 깊은 생각에 잠기는 시간'이라는 문구가 있다. 깊은 생각은 아니지만 두루 헤아리는 시간이라면 내게는 충분히 효과가 있었다. 두 사유상을 비추는 조명 빼고는 방이 너무 어두워 현재를 벗어나 다른 차원에 있는 듯한 분위기로 만든 것은 에너지와 공간이 일체화된 느낌을 주려 했다는 설명이다. 나는 환한 데서 더 자세히 사유상의 얼굴과 미소를 보고 싶다. 그러면 어둠 속에서 느끼는 것과 또 다른 느낌을 받을 것 같다. 6~7세기에 유행했던 반가사유상은 30여 구가 남아있다고 한다. 그 모습은 어떤 모습들일까.

사유의 방에 있는 두 반가사유상의 모습은 변함없다. 그것을 보고 바뀌는 내 마음의 움직임일 뿐이다. 움직임을 밖에서 찾지 말고 내 안의 움직임을 쫓아야 한다는 것, 두 번의 박물관 관람을 통해 느낀 나의 소회이다.

# 봉정암 가는 길

백담사 앞으로 흐르는 계곡물을 따라 봉정암으로 오르는 첫 발걸음은 가벼웠다. 가파르지 않은 숲길이 계속되는 동안 이런 길이라면 얼마든지 걸어도 좋겠다는 생각이었다. 그러나 봉정암으로 가는 길은 가파르고 힘들기로 유명하다. 일고여덟 시간은 걸어야 한다는 것을 알고 있었기에 처음의 이 순조로움이 다는 아닐 거라고 믿고 있었다. 각오를 단단히 했는데도 불구하고 하이킹 코스 같은 그 길을 한 시간 이상 걷다 보니 각오는 스러지고 지치기 시작했다. 그럴 즈음 약한 경사가 있는 곳은 간간이 계단이 있는 나무로 만든 길이 시작되었다. 예전에는 없던 나무길이 생겨 일고여덟 시간 걸리던 길이 대여섯 시간이면 도착할 수 있다는 말을 들었으니 내 목표는 여섯 시간이었다.

허리춤이 넉넉한 계곡의 물이 보석처럼 맑고 쏟아지는 폭포가 기운을 돋우어 준다. 하지만 두 시간이 넘어 나무로 만든 길도 끝나고 산길이 시작되자 다리는 벌써 아프기 시작이다. 해발 1224m의 고지를 대여섯 시간에 가려는데, 앞의 두 시간이 순조로웠다면, 그 후에는 어느 정도의 경사일까. 그런데 처음이니 알지 못했다. 초보자에게 가파른 산길 서너 시간은 정신이 육체를 벗어나는 아득한 시간이다.

넋이 빠질 만큼 힘이 들어 옆 사람과 이야기도 나눌 수 없이 되었다. 가끔 어제 다섯 시간 만에 올라갔다가 오늘 내려온다는 사람들을 보며 분발하기도 했다. 날아가듯이 옆을 휘휘 올라가는 사람들에게 자극을 받기도 했다. 그러나 초보가 걷는 가파른 길은 숨쉬기조차 버겁기만 하다. 산행을 자주 한 것도 아니기에 더 그렇다. 봉정암은 부처님의 진신사리를 모신 5대 적멸보궁의 하나이다. 구도의 간절함으로 시작했지만 마음만 가지고 실행을 하기에는 버거운 길이다. 그래도 멈출 수는 없었다. 되돌아갈 수도 없는 길이기에 더 그랬다. 그저 얼마쯤 걸었나 시간을 보며 걷고 또 걸었다. 인생길이 이런 길이었다면 벌써 포기했거나 시작조차 안 했을 것이다.

기다시피 마지막 깔딱고개를 넘을 때쯤에는 누가 나를 화나게 했는지, 누구를 미워했었는지 다른 사람은 안중에도 없게 되었다. 온갖 시시비비가 끊어지는 시간이다. 그

때에 나는 성철스님이 당신을 만나려는 사람들에게 삼천 배를 시킨 이유를 알게 되었고 어떻게 하면 텅 빈 마음을 갖게 되는지도 알게 되었다.

봉정암에 간 것도 오래전 일이다. 그 후 다시는 봉정암에 가보지 못했다. 세 번을 가면 소원이 이루어진다는 말을 듣고 아쉬웠으나 그것도 연이 닿아야 하는 것이었다.

올레길을 걷고 있다. 파도를 바라보며 걷고 있으니 잔잔한 행복감이 몰려온다. 이렇게 멋진 풍경 속에 내가 있다는 것이 믿어지지 않는다. 이만하면 잘 산 것이 아닌가. 가파른 길도 없고 평평해서 걷기 좋은 길이 좋다. 가다가 힘들면 어디에 앉아도 싱그러운 풍경이 앞에 있고 쉬어갈 수도 있다. 어쩌면 내 인생은 이렇게 변함없이 안온하지 않았나 하는 생각도 든다.

봉정암 갔던 길이 생각난다. 그때의 힘든 일을 생각하면 그런 삶을 계속 살지 않았던 것이 다행이다. 그러나 한 번쯤은 다시 가보고 싶다. 그때처럼 치열하게 살지 못한 것이 후회되기도 한다. 깔딱고개를 지나 설악산의 장관을 보고 느꼈던 희열은 다른 어느 곳에서도 느껴보지 못했다. 폭포처럼 쏟아지던 계곡의 물살에 느꼈던 흥분도 기억 속에 생생하게 남아 있다.

지금은 길이 좋아졌으니 예전의 세 번이 아니라 열 번은 와야 한다는 어떤 사람의 말이 생각난다. 다리 수술을 한 나는 열 번은커녕 이제 다시는 갈 수 없는 길이 되었다. 그런 생의 희열도 다시는 느낄 수 없으리라.

## 추억여행

스페인에 가서 가우디의 건축물을 보고 싶다. 이태리 여행을 먼저 하면 다른 유럽 여행은 시시해진다는데. 여행 마니아인 친구의 말로는 그렇게 많은 여행을 했지만 동유럽의 작은 나라들이 좋았다고 한다.

가보지 못한 곳이 너무 많다. 지난 6년간 글쓰기 모임을 이끄느라 긴 여행을 하지 못했다. 여행의 황금기를 놓쳐버리고 이제는 긴 여행이 무리가 되는 나이가 되었다. 그러니 마지막으로 어디로 가볼까.

딸이 안식년을 맞아 전에 미국에서 공부하던 대학으로 간다고 한다. '텍사스 A&M'이라는 대학이 있는 작은 마을이다. 그 말을 듣자마자 내 가슴은 뛰기 시작한다. 그곳에 다시 가보고 싶다. 그곳은 내가 키워주던 손자를 데리고 처음 딸에게 갔던 곳이며 손주의 적응을 위해 한두 달씩 몇 번 머물렀던 곳이다.

내가 넌지시 말을 던지자 딸은 특별히 볼 곳도 없는 대학 도시에 뭘 또 가느냐고 한다. 안 본 곳을 가보는 것이 더 낫지 않겠느냐는 말이다. 내년이면 고등학생이 되는 손자이기에 더 이상 손이 필요한 것도 아니다. 그런데 나는 가보지 못한 미지의 세계보다 추억이 깃든 그곳에 꼭 다시 가보고 싶었다. 미래보다 과거로 향하는 내 마음이 슬프지만 어쩔 수 없다. 그래서 미국 동부 여행을 끝내고 딸에게 가서 일주일 정도 있다가 돌아오는 것으로 의견을 모았다.

흥미롭고 인상적이었던 동부 여행을 마치고 뉴욕을 떠나 휴스턴에 도착했다. 그리고 마중 나온 딸이 운전하는 차로 한 시간 반을 달려 사는 집에 도착했다. 학생 때는 작은 아파트에 살았는데 지금은 개인 마당이 있는 듀플렉스에 산다. 딸은 학교와는 좀 떨어진 이런 주택에 살고 싶었다고 하는데 나는 전에 살던 아파트가 아닌 것이 섭섭했다.

내가 그곳에서 제일 가 보고 싶었던 곳은 손자가 다니던 유치원이다. 한국 나이로 네 살이었던 그 애가 그곳에 처음 간 날을 잊지 못한다. 손자는 잊었을지도 모르는 그날,

나는 그 애를 선생에게 맡기고 밖으로 나왔다. 그런데 영어를 한마디도 못 하는 그 애는 마당 한가운데서 노는 다른 아이들과 떨어져 경계가 철조망으로 쳐져 있는 그 녹색 철조망 앞에 서서 돌아가는 나를 보고 있었던 것이다. 그 애가 울고 있었으면 나는 도저히 발길을 돌리지 못했을 것이다. 그런데 그 애는 떼를 쓰지도 울지도 못하고 나를 바라보고 있었다. 견뎌 내야 하는 이유를 누누이 설명했었지만, 그때 나는 너무 착한 그 애 때문에 가슴이 미어져 울며 돌아왔던 생각이 난다. 그 후 영어를 잘하게 된 손자를 생각하면 좋은 추억이 되어야 하는데도 나는 그 유치원을 생각하면 가슴이 아련해 온다. 그래서 다시 보고 싶었다.

사흘 후 저녁 무렵이었다. 유치원에 가니 아이들은 다 돌아갔는지 텅 빈 채로 문이 잠겨있었다. 우리는 밖에서 안을 들여다보며 한참 얘기꽃을 피웠다. 손자 녀석은 유치원이 싫다고 했다. 그 애도 어렸을 적 힘들었던 기억이 생생한 듯했다. 그래도 그날은 우리에게 의미있는 날이다. 그 어려운 시기를 무사히 잘 보내고 다시 보니 감격스러웠다.

쇼핑몰은 내가 두 번째로 가보고 싶었던 곳이다. 손주를 키우면서 나는 하룻밤에 서너 번씩 깨곤 했다. 그것 때문이었을까. 낮에도 한 시간이 멀다고 화장실에 가야 하는 증상이 생겼다. 아이를 데리고 미국에 가서 유치원에 보내고 난 뒤 나는 할 일이 없어서 걸어갈 수 있는 곳에 있던 몰에 가서 시간을 보내고는 했다. 하루에 두세 시간은 걸었던 것이다. 그 때 쇼핑의 노하우가 생겼고 한국에 돌아와서 알았는데 소변 증상이 완전히 정상으로 돌아왔던 것이다. 쇼핑몰은 내게 구원이었고 즐거움이었다. 그곳 구석구석까지 다 알고 있었으니 아는 물건들이 그곳에 그대로 있는지 궁금했다.

그 외에도 크지 않은 그 도시의 구석구석, 상점과 자주 갔던 식당도 내 추억 속에 있었다. 내가 갔었던 곳을 대강 보고 나니 감사한 마음이 들었다. 딸이 다니던 학교의 학생 수가 4만 좀 넘었었는데 6만으로 늘었다는 소식, 그래서 도시가 팽창되고 있다는 소식도 들었다. 그래도 아직은 십 년 전의 모습이 많이 남아 있었다. 기억 속에 자리한 그 모습대로 남아있는 장소들을 보니 그때의 시절로 돌아간 듯했다. 홈시크에 우울증까지 겪었던 그때가 돌아보니 좋은 시절이었다.

돌아오는 날, 아침 비행기를 타기 위해 새벽에 집을 나섰다. 멀어지는 마을을 보면서 나는 생각했다. 언제 또 이곳에 올 수 있을까. 아마 그런 일은 이제 없을 것이다. 눈을 들어 창밖을 보니 공항까지 오는 눈에 익은 길이 재빠르게 시야에서 사라지고 있었다. 그리고는 추억 속으로 멀리멀리 사라져갔다.

# 나이아가라

'나이아가라' 하면 마릴린 먼로가 나오는 영화가 생각난다. 자세한 내용은 잊었지만 사람을 끌어당기는 그녀의 얼굴과 독특하고도 아름다운 걸음걸이는 생생하게 뇌리에 남아있다. 그 영화에서 나이아가라 폭포를 처음 보았다. 처음 보는 엄청난 크기의 폭포에 놀라서 언젠가 가볼 수 있으려나, 라는 희망을 품게 된 영화였다.

그 후에 '나이아가라'라는 아이맥스 영화를 보았다. 폭포에서 떨어졌는데도 살아난 어린애의 이야기, 통 속에 들어가 강을 떠내려오다 폭포에서 떨어졌는데도 살아난 여자의 이야기, 폭포 위에 밧줄을 걸고 그 위로 걸어서 폭포를 가로지른 이야기 등 폭포에 얽힌 무수한 이야기들이 나이아가라의 역사를 이루고 있었다. 그 후에도 우리가 알지 못하는 얼마나 많은 이야기들이 있을까.

그런 나이아가라를 실제로 보게 되었다. 미국 동부 여행

중에 나이아가라를 가게 된 것이다. 나는 아이들 말처럼 하늘만큼 땅만큼 기대가 컸다.

여행 사흘째, 버스를 타고 관광객으로 넘쳐나는 나이아가라 마을에 도착했다. 모든 건물과 길에 다니는 사람들이 폭포를 보러 온 사람들이라는 것을 한눈에 알 수 있는 마을이었다. 건물과 길이 영화세트장 같은 느낌으로 내게 다가왔다.

그런 마을을 지나 버스에서 내려 제일 먼저 아이맥스 영화를 상영하는 건물로 들어섰다. 영화는 옵션에 포함되어 있다고 한다. 그런데 시간이 안 맞아 현장을 먼저 보고 영화를 본다고 한다. 영화를 본 적이 있는 나는 잘 되었다 싶어 앞장서 건물 밖으로 나갔다.

그리 멀지 않은 곳에 전망대가 있고 사람들이 모여 있다. 나는 달리듯이 걷기 시작했는데 폭포는 보이지 않고 굉음이 들렸다. 가슴이 설레고 맥박이 뛰기 시작했다. 그리고 전망대에 도착해서 본 폭포는 아! 소리가 절로 나왔다. 영화에서 보던 그대로의 어마어마한 폭포가 거기 있었다. 그것만 해도 신기했는데 느낌은 완전히 달랐다. 바로 현장감이었다.

요즈음은 TV에서 보는 운동경기가 더 보기 좋다. 여러 각도에서 찍어 자세히 볼 수 있고 공중에서도 찍어 경기장

전체를 한눈에 볼 수도 있으며 해설까지 있으니 말이다. 그런데도 실제로 가서 보는 것은 현장감 때문이다. 나는 현장감이 그렇게 대단한 것인 줄 처음 알았다. 캐나다와 국경선을 마주하고 있는 미국 쪽의 폭포보다 캐나다 폭포가 더 큰 것이 확연히 한눈에 들어온다. 그렇다고 말은 들었지만 실제로 보니 그것도 대단하다.

그런 대자연을 눈앞에 보니 아기자기한 나라 한국에서 사는 나 같은 사람은 천둥 같은 충격이 가시지 않는다. 도대체 저렇게 쉴 틈 없이 쏟아지는 저 많은 양의 물은 시원이 어디이며 언제부터 시작된 것일까. 아마도 저 물이 지구가 생긴 이래, 적어도 수만 년 이상을 저렇게 쏟아지고 있는 것이리라 생각하니 가슴이 떨려온다.

수백 년 수령의 나무 앞에서 우리는 장엄함을 느낀다. 수백 년이 된 유적 앞에서도 우리는 역사를 느낀다. 그런데 그것들은 말이 없다. 물보라를 일으키며 쏟아지는 폭포는 그 소리가 엄청났다. 나의 뇌리를 흔들고 영혼을 깨어나게 한다. 그것이 수만 년 전부터 그렇게 존재했다니 대단하지 않은가. 그런 폭포와 내가 함께 있다는 실로 역사적인 순간이었다.

배를 타고 폭포 아래까지 가보고 우비를 입은 채 동굴 속으로 가서 폭포의 안쪽을 보기도 했다. 그러나 무엇보다

멋있는 경험은 캐나다 쪽에 있는 타워빌딩에 올라가 점심을 먹은 것이다. 스테이크의 맛은 별로였지만 360도 회전하는 빌딩 꼭대기에 앉아 내려다보는 나이아가라 강물과 폭포와 녹음이 우거진 주위 풍경은 바로 지상 낙원이었다.

나이아가라를 여덟 번이나 보았다는 어떤 사람은 별 감흥이 없어 보인다. 처음 보는 나는 이렇게나 가슴이 뛰고 흥분이 되는데 말이다. 두 번째 보면 나도 그렇게 될까봐 겁이 난다. 그런데 또다시 볼 것 같지 않으니 나는 머릿속에 잘 새겨 두어야 했다. 노력하지 않아도 그날의 충격과 흥분은 내게 언제까지나 남아있을 것 같다.

# 제주 관광

창밖에는 비가 내리고 있다. 2박 3일의 제주도 여행을 마치고 서울로 가는 비행기를 기다리고 있는데 저녁 8시 45분 출발 비행기가 삼십 분째 늦어지고 있다. 경사진 유리창으로 흐르는 빗물이 길을 재촉한다. 비행기를 타고도 출발신호가 밀려 사십 분 후에야 이륙했다.

제주도에 가는 것이 얼마 만인지. 서너 번 가본 제주에 마지막으로 간 것은 십 년도 더 전의 일이다. 그동안 살림에 매어 있다가 이제는 여행을 좀 다녀야겠다고 생각하니 마음이 급해졌다. 여행 정보지를 보고 이것저것 따지며 시간만 보내다 안 되겠다 싶어 충동적으로 결정한 것이 여행사에서 내놓은 제주 관광이었다.

공항 밖에서 가로수인 야자나무가 낯익은 인사를 한다. 실은 제주의 야자나무가 그리워 눈을 돌려가며 찾았던 것인데 반갑기보다 안쓰러웠다. 주위가 너무 복잡해져서 예전 그 위용이 많이 축소되었다. 그래도 나는 그들이 맞아주어 마음이 밝아졌다.

야자나무와 오랜 눈맞춤을 할 사이도 없이 가이드가 우리를 차에 태웠다. 말이 안 통하는 외국도 아닌데 가이드가 필요하다는 것이 웬일인지 생소했다. 그러나 친구와 둘이 갑자기 떠난 제주였으니 여행이 아니고 관광회사의 스케줄에 따라 움직이는 것이 편하기는 했다.

저녁을 먹기 전에 광이오름을 트래킹하고 이미 어두워진 시간에 러브랜드에 갔다. 나는 러브랜드가 무엇을 하는 곳인지 몰랐다가 너무도 쇼킹하여 숨이 막혔다. 우리나라에 이런 곳이 있었다니. 다른 나라에도 이런 곳이 있을까. 남녀의 성을 주제로 한 곳이니 미성년자는 입장 불가이다. 그렇게 적나라하게 성기를 내놓은 것만이 아니라 이런 아이디어를 실천해 전시했다는 사실이 놀랍다. 사고의 분방함에 정신이 날아다닌다.

겨울에 떠난 여행이니 계절로 치면 관광의 비수기이다. 꽃도 없고 나무도 헐벗은 때에 까멜리아 식목원의 동백이 내 눈을 활짝 뜨게 한다. 온갖 종류의 동백나무가 자태를 뽐내는데 동백의 단아함과 처연하기까지 한 붉은 빛이 눈에 밟혀 떠나기가 힘들다. 모처럼 눈 호사를 만끽하고 그 곳을 떠났다.

제주도는 작은 섬인 줄 알았는데 나무로 둘러싸인 첩첩한 산길을 삼십 분이나 달린다. 그리고 걸을 곳도 많다. 제대로 된 제주도 올레길을 걷지는 못했지만 충분히 걸었다. 우리가 본 곳이 열 곳은 되는데 못 본 곳이 몇십 배나 되는 것 같다. 제주도의 땅 넓이가 서울의 세 배가 된다는 것을 이번에 알았다. 제주도가 세계문화유산에 등재되고 중국 사람들의 방문으로 급격한 발전을 이룬다고 듣고는 있었으나 오랜만에 본 제주도는 정말 눈이 부시게 변한 것 같았다. 공기가 맑고 이국적인 제주도, 일 년에 몇 번을 갔다는 내 친구의 심정을 이해할 것도 같다.

관광에는 빠질 수 없다는 물건 팔기. 아무것도 안 샀으면 우리는 진짜 싸고 좋은 여행을 했다고 자신 있게 말할 수 있었으련만, 여행비보다 많은 돈을 꼭 필요하지도 않은 건강식품에 썼으니 '마음이 약한 자는 복을 받으리라'라고 스스로 위로했다.

서울에는 비가 오지 않았다. 김포공항에 도착할 즈음, 하늘에서 내려다본 서울의 야경에 탄성을 자아낸다. 검은 장막에 흩뿌린 보석들처럼 온통 반짝이는 불빛들. 다이아몬

드만이 아니라 루비와 사파이어, 에메랄드처럼 색색의 불빛들이 보석보다 찬란하다. 인구밀도가 높을수록 밤의 화려함이 더하니 서울의 복잡함이 느껴지고 달리는 차들이 질주하며 쏟아내는 불빛이 서울의 역동성을 알려준다.

전에도 이런 광경을 본 적이 있다. 밤 비행기를 타고 여행을 가면서 이런 불빛을 보고 보석보다 아름답다고 적었었다. 그런데 오늘 밤 나는 그 보석들이, 빛나는 불빛들이 하나하나 생명을 가진 사람처럼 느껴진다. 그리고 내게 그들의 감정이 전해진다. 행복한 사람, 불행한 사람, 우는 사람, 웃는 사람, 분노한 사람, 격정에 휘말려 휘청이는 사람, 또는 욕망에 몸을 맡긴 사람……

왜 불빛이 내게 말을 하는 걸까.

## 왜 나를 낳으셨나요

인도에서 어떤 젊은이가 부모에게 소송을 걸었다고 한다. 이렇게 살기 힘든 세상에 왜 자기를 낳았느냐고.

이 말을 들으니 옛날 어느 스님에게서 들은 이야기가 생각난다.

윤회를 믿는 불교에서는 사람이 태어나는 것은 태어나는 사람의 선택이라고 했다. 불교에서는 우리가 죽은 후 육체는 소멸하지만 영혼識은 남아서 전생 연에 따라 이 모습 저 모습으로 다시 태어난다고 한다. 육체는 분해되어 자연으로 돌아가지만 영혼은 다른 차원으로 건너갔다가 지상에서 성취한 영적인 발달 정도에 따라 각자의 영혼이 끌리게 되는 여러 수준의 인간 또는 동물로 다시 태어난다는 것이다. 살아서 음욕이 강했던 사람은 고양이로 태어나기도 한다는 말이 인상 깊었다. 그러니 어느 부모를 만나느냐, 빈부의 차이, 등등은 다 자기 영혼의 상태에 따라 결정되었다는 것이다.

처음에는 이 말을 믿기 어려웠다. 그러나 살면서 보니 지구 안의 눈에 보이는 모든 물질은 질량 불변의 법칙하에 있다는 것을 알았다. 수억 년 이상 된 지구에서 물질은 질량이 불변하다면 영혼이라는 것도 사람마다 다른 것은 아니라는 생각이 든다. 끊임없이 죽고 살고 또 태어나고 하는 일이 이 지구상에 국한된 일이라면 영혼도 윤회하는 것이 분명하다.

얼마 전에 TV에서 본 이야기다. 미국에서 태어난 여섯 살의 어린 여자애가 열 번의 전생을 기억한다고 한다. 처음 기억하는 전생에서는 돌로 된 그릇을 사용했다고 했다. 그리고 이런저런 생을 이야기했고 마지막에는 열 명의 아이를 낳았다고 했다. 정치가였던 할아버지를 기억했고 살던 장소를 이야기했다고 한다. 처음에는 믿지 않았던 소녀의 부모가 딸의 계속되는 이야기에 흥미를 느껴 사실을 찾아 나섰다고 한다. 놀랍게도 1800년대에 아프리카의 어느 나라 대통령을 지낸 사람에게 딸이 있었고 그 딸이 열 명의 아이를 낳았다는 사실이 밝혀졌다. 그런데 그 열 명의 아이 중에 막내딸이 90세로 살아있다고 한다. 그래서 여섯 살 소녀와 구십 세의 딸이 만났는데 두 사람은 만나서 공통된 옛날이야기를 끊임없이 했다고 한다.

이 외에도 전생을 다룬 많은 이야기가 있는데 이것을 보고 느끼는 것은 사람으로 태어나기가 어렵다는 것이다. 6세 소녀의 경우 돌로 된 그릇을 사용한 석기시대부터 지금까지 수만 년 동안 열 번 태어났다면 한 생을 살고 다음 생까지 굉장히 오랜 세월 무슨 상태였을까 궁금하다. 아마도 수많은 동물이나 하루살이로도 태어난 적이 있지 않았을까. 아니면 식물에도 깃들어 있지 않았을까.

부모의 쾌락의 산물인 자신이 불쌍하다는 청소년의 이야기를 듣고 충격을 받은 적이 있다. 자기 의지로 태어난 것이지만 이렇게 어렵게 오랜만에 사람으로 태어났으니 마땅히 감사하고 좀 열심히 살아야 하는 것이 아닐까, 라고 그 소년에게 말해 주고 싶었다.

## 사람 人

사람으로 태어났으면 행복하게 살아야 한다. 그래서 미국의 독립선언문에는 인간에게 생존권, 자유권, 행복추구권이 있다고 하였다. 우리나라에도 생존권과 자유권은 이미 보장되어 있고 행복추구권도 다른 나라 못지않게 잘 돌아가고 있다고 믿었다.

행복이란 무엇일까. 어느 때 사람은 행복을 느끼는가.

인생의 목표를 찾는 것, 찾아가는 것이 행복이라는 말이 있다. 옛날에는 대학을 가면, 결혼을 하면, 목표를 이루면 행복하다고 했지만 요즈음에는 거의 누구나 대학에 갈 수 있고 결혼을 일부러 안 하는 젊은이도 많다.

목표가 물질적인 것이고 그 물질을 소유하는 것에 둔다면 행복은 오래 가지 않는다. 헨리 데이빗 소로우라는 사람은 '자기가 원하는 것이 물고기가 아니라는 것을 모르고 평생 낚시 하는 사람들이 있다'고 했다.

행복이란 상대적인 심리현상이기도 하다. 입에 풀칠이나 하던 사람이 의식주가 해결되면 점점 더 좋은 집, 좋은 음식, 좋은 옷을 걸치려고 하는데 소유에 집착해서 상향 비교를 하게 되면 그때는 이미 행복이 아니다.

이발사를 47년 했는데 50년을 채우면 행복하겠다는 사람이 있다. 할아버지는 스물일곱 살에 돌아가셨고 아버지는 41세에 돌아가셨는데 나는 지금 쉰 살에 건강하니 행복하다는 사람도 있다. 95세에 피아노를 치는 재즈연주가는 행복하다.

이렇게 보면 행복이란 개인적인 것이고 happy의 어원인 해프가 '능력 밖에 있음, 우연, 안전히 통제할 수 없음'같이 내 손을 떠난 것일 수도 있다.

행복은 사사로운 것이고 종류도 가지가지이다. 그것은 개개인의 마음에 따라 변하기도 하니 사적인 것이고 주관적이기도 하다. 행복이 마음에 따라 크게 영향을 받으니 마음을 비우고 욕심을 버리면 행복해질 수 있다고 믿었다. 그런 믿음으로 나날을 보내고 있었다.

요즈음 시국이 하 뒤숭숭하다. 고도성장의 시대는 저물고 경제적으로 어려운데 정치가 우리를 배신하고 실망시켜서 마음에 큰 상처를 남겼다. 우리가 뽑아 기대를 한 몸에 받았던 대통령이 우리가 생각했던 그런 사람이 아니었다는 것, 대통령을 하기에는 많이 부족한 사람이라는 것을 알게 되어 마음이 공허하기까지 하다.

개인적으로 행복하다고 생각했었는데 이 공허함은 무엇일까. 이것은 행복과는 거리가 먼 감정이다. '슬픔과 함께 살기'라는 책을 쓴 마르시아 라탄치라는 사람이 말했다. '사람들이 가진 꿈과 가치가 충족되지 못했을 때 겪는 공공 또는 국가적 슬픔과 분노는 사랑하는 이를 잃었을 때의 상실감 못지않다' 지금 나의 마음을 대변하는 글이다.

행복은 개개인의 문제인 줄 알았는데 사회가 어지러우면 개인도 행복하지만은 않다. 그래서 인간을 사회적 동물이라고 했나 보다. 한자로 사람 人이 혼자 살 수 없고 서로 기대고 설 수밖에 없다는 사실을 형상화한 것이 실감난다.

인간은 사회에 속해 있으므로 혼자만 잘 사는 것이 큰 의미가 없다. 행복도 서로 나누어야 한다는 이치를 깨닫게 되어 다행이다.

# 불가사의 얼굴

일란성 쌍둥이인 형제가 있었다. 나이 들어 형이 먼저 죽었는데 장례식장에서의 일이다. 자식들이 울고 있는데 쌍둥이의 동생인 작은아버지가 왔다. 인사도 안 받고 작은아버지가 형의 영정사진을 유심히 바라보고 있으니 조카들이 물었다. '작은아버지 왜 그러세요?' 그러자 그가 말했다. '저거 내 사진인데'

어느 개그맨이 이 이야기를 하자 모든 사람들이 웃었다. 나도 분위기에 휩싸여 신나게 웃었다. 일란성 쌍둥이는 똑같다는 생각을 했었으나 본인들끼리는 구별이 되는 다른 점이 있다는 것이니 정말 똑같은 사람은 없다는 것이다. 나는 요즈음 지구에 살고 있는 75억의 인구가 똑같은 사람이 없다는 것, 얼굴이 모두 다르다는 것이 신기함을 넘어 불가사의하다는 생각까지 하고 있다.

세상에는 참 불가사의不可思議한 일이 많다. 불가사의란

원래 인도에서 나온 말로 천억을 이르는 나유타의 일만 배, 무량수의 억분의 일에 해당하는 수를 표기하는 숫자의 이름이었다. 곧 10의 64제곱이다. 이것이 차츰 '사람의 생각으로는 미루어 헤아릴 수 없이 이상하고 야릇함'의 뜻으로 변하게 된 것이다. 세계의 7대 불가사의를 고대, 중세로 나누어 발표한 것이 있는데 이것들은 모두 건축물이다. 나는 요즈음 사람들의 얼굴에 꽂혀있다. TV에서 보는 그 많은 사람들, 세계 인구가 75억이라는데 그 사람들의 생김새가 모두 다르다는 것, 생각할수록 불가사의한 일이다.

내가 이십 대였던가. 오래전 일이다. 사람이 많은 장소에서 어떤 스님을 마주쳤다. 그때 나는 충격을 받아 그 스님의 얼굴에서 눈을 뗄 수가 없었다. 선계仙界에서 내려온 사람 같았다. 희고, 맑고, 깨끗한 피부에 승복을 입었으니 당연히 행동도 번잡하지 않고 얼굴 생김새도 나무랄 데 없이 반듯했다. 잘생긴 얼굴을 몇 번이나 되돌아보면서 진짜 사람인가 생각했다. '어디에 계신 스님인가' 묻지 못한 내 용기를 두고두고 아쉬워했다. 실은 불교에 대해 잘 알지도 못했고 관심도 없던 때였기에 그랬었다.

내가 삼십 대였을까. 동네를 지나는 묘령의 처녀를 만났다. 키가 크고 잘생긴 외모에서 빛이 났다. 요즈음 어떤 사람들이 배우 누구를 보면 빛이 난다고 하던데 나는 수십 년 전에 길에서 그런 여인을 본 것이다. 예쁘다는 표현으로는 부족한 젊음의 아름다움이 눈부시게 빛나는 젊은 여자였다. 그 후 이십여 년 후에 우연치 않게 그 동네에서 다시 그녀를 만났다. 잊을 수 없었던 그녀의 얼굴은 그러나 변했다. 큰 키에 살이 붙어 푸근해진 몸피에 얼굴은 빛이 사라졌다. 아직도 잘생긴 그 얼굴은 변함이 없었으나 빛은 사라졌다. 그녀를 생각하면 지금도 워즈워드의 시 '초원의 빛'이 떠오른다.

옛날 같은 동네에 살던 예쁜 여자가 있었다. 누가 봐도 미인이라고 할 그녀는 거짓말이 심했다. 그녀가 화를 내고 거짓말을 하면 이상하게 얼굴이 예쁜데도 일그러져 보였다. 세월이 한참 지난 지금은 그녀의 얼굴이 어떻게 변했을지 궁금해진다.

나이 사십이 되면 자기 얼굴에 책임을 져야 한다고 한, 사람은 링컨 대통령이지만 우리는 모두 그것을 알고 있다. 태어날 때의 모습은 다 다르지만 사십여 년을 살다 보면 각자의 얼굴에는 세월과 함께 만들어진 변화가 얼굴에 박힌다는 것을 알게 되는 것이다.

어떤 사람이 쓴 글에 이런 내용이 있었다. 시어머니가 돌아가셨는데 너무 편안한 표정이어서 하나도 무섭지가 않았다고. 그 뒤에 어느 장례지도사의 글을 보니, 대부분 돌아가신 분들의 얼굴은 편안하다고 했다. 살아있을 때의 얼굴은 온갖 마음, 희-노-애-락의 표현으로 변화하지만 죽으면 그 마음을 다 놓아버리니 표정이 편해지는 것이 아닐까. DNA의 무한 변화이기는 하지만 수십억 인간의 얼굴이 다 다르다는 것이 신기하지 않은가. 마음 따라 얼굴이 변해간다는 것도 불가사의하다. 그런데 '돌부처가 웃는 얼굴의 도리를 아느냐'는 물음은 또 무슨 말인가.

## 보이지 않는 하느님

제2차 세계대전이 끝난 후 영국에서 '하느님은 없다'는 것을 증명하는 회의가 열렸다.

이를 증명하기 위하여 천문학박사와 의학박사 두 사람이 강연을 하였다. 먼저 천문학박사가 강연을 시작했다.

"얼마 전에 저는 최신형 망원경을 갖게 되었는데, 이 망원경은 현재 우리가 발견한 가장 멀리 있는 별도 볼 수 있는 고성능 망원경입니다. 그런데 이 망원경으로 아무리 천체를 살펴도 하느님이 보이지 않았습니다. 정말로 하느님이 계시다면 하느님의 옷깃이라도 보여야 되는데 전혀 보이지 않았습니다. 저는 그래서 하느님이 없다는 것을 확신합니다."

그러자 많은 청중이 환호하며 박수를 쳤다.

맞아, 맞아. 하느님은 없는 게 틀림없어!

두 번째 강연자는 의학박사였다. 그는 이렇게 주장했다.

“나는 평생을 의학을 연구하며 살았습니다. 그런데 기독교인들은 사람에게는 영혼이 있다고 주장하는데, 나는 도무지 그것을 이해할 수 없습니다. 나는 그동안 수많은 사람을 수술했으며 시신을 부검해 본 적도 한두 번이 아닙니다. 그러나 한 번도 영혼을 본 적이 없습니다. 도대체 영혼이 어디에 있다는 것입니까? 살 속에 있습니까, 뼛속에 있습니까, 아니면 핏속에 있습니까?

역시 그렇군. 기독교인들이나 성경은 다 거짓이야! 도대체 영혼이 어디에 있다는 말이야?

수많은 청중이 큰 소리로 환호하며 고개를 끄덕였다.

강연이 끝나고 사회자가 청중을 향해 질문을 하라고 했으나 모두들 잠자코 있었다. 사회자는 “그러면 이것으로 하느님이 없다는 것이 증명되었으므로 회의를 마칩니다.”라고 말했다. 그때 맨 앞에 앉아있던 할머니가 “제가 할 말이 있습니다”라고 하더니 연단 위로 올라왔다. 할머니는 먼저 천문학박사에게 질문을 했다.

“박사님, 박사님이 갖고 계신 그 망원경은 아주 고성능 망원경이죠?”

“예.”

“무엇이든 잘 보이지요?”

"예."

"그렇다면 바람도 보입니까?"

바람이 보이느냐고 물었습니다.

"바람은 보이지 않습니다."

"그러면 바람이 없습니까?"

"있습니다."

"어떻게 있습니까? 보이지도 않는데." 하느님이 보이지 않는다고 해서 없다고 하는 것이 옳은 말입니까? 또 바람도 볼 수 없는 망원경을 갖고 하느님을 볼 수 있습니까?"

"........"

천문학박사는 아무 말도 할 수가 없었다. 곧이어 할머니는 의학박사를 향해 질문을 던졌다.

"박사님은 아내가 있습니까?"

"예."

"자녀도 있습니까."

"예."

"그러면 박사님은 아내와 자녀들을 사랑하십니까?"

"예. 저는 제 아내와 자식들을 무척 사랑하고 있습니다."

"그래요? 그렇다면 칼을 가져오세요. 내가 박사님을 해부

해서 아내와 자식을 사랑하는 그 사랑이 어디에 들었는지 확인해 보고 싶습니다. 도대체 그 사랑이 살 속에 들어 있습니까, 아니면 뼛속에 들어있습니까, 아니면 핏속에 들어 있습니까?"

그는 아무 말도 할 수 없었다. 하느님이 없다는 것을 증명하기 위하여 모였던 이 회의는 할머니의 급소를 찌르는 송곳 같은 질문으로 말미암아, 하느님이 살아계시다는 것을 증명하는 회의가 되고 말았다.

한 친구가 너무 좋은 글이라며 이 글을 카톡에 올렸다. 글에 공감을 하면서도 이런 의문이 떠올랐다.

그런데 보이지 않는 하느님의 이름이 꼭 '여호와'여야 하고 '알라'여야 되는 것일까. 사랑이 '여호와'의 전유물일까. 바람이 모두에게 불 듯이 이름에 관계없이 사랑도 살아있는 모든 것에 존재하는 것이다.

캄캄한 밤, 어둠 속에서 별을 만난다. 그 먼 곳, 허공의 깊고 깊은 운동장이 내 마음에 들어온다. 우리가 죽어 별의 세계로 간다면 거기 어디쯤이 천국이고 지옥이며 극락일까. 그것이 어떻게 나뉘어 있을까.

## 인생이 환인데

해는 졌으나 아직 어둡지는 않은 시각이다. 양평역에서 전철을 내려 차를 세워 놓은 곳으로 갔다. 차에 시동을 걸고 조심스레 주차장을 빠져나온다. 미등을 켜고 양근대교를 건넜다.

아침에 남편이 퇴촌에 사는 친구와 저녁 약속이 있다고 말했다. 그 심에 나도 서울에서 볼일을 보고 남편을 데리러 가야 하는 시간에 맞추어 전철에서 내린 것이다. 그래서 내가 차를 가지고 역으로 갔었다.

양평역에서 퇴촌까지 가려면 차로 삼사십 분쯤 걸린다. 남편은 친구와 술 한잔을 걸칠 터이니 약속한 시간을 바로 맞추지는 않아도 된다. 갈 길이 바쁜 것은 아니다. 그러니 나는 서두르지 않고 여유롭게 국도를 달렸다.

아직 완전히 어둡지는 않았지만 전조등을 켜고 한가한 길을 달린다. 앞뒤로 달리는 차가 없음에 내가 방심했던 것일까. 60km쯤 속력을 냈다. 잘 아는 길 삼거리가 눈앞에 나타났을 때 전혀 예상치 못한 일이 일어났다. 3~4m 앞에 홀연히 나타난 개가 나를 바라본다. 그때 시속 60km로 달리던 내가 할 수 있는 일은? 그 짧은 순간에 급브레이크는 내가 감당하지 못하겠다는 생각이 들었다. 그러면 개를 피해 차를 급하게 다른 곳으로 꺾는 것은? 그러다 길가의 다른 곳을 박으면 내가 위험하다는 생각이 들었다. 그래서 나는 그냥 개를 향하여 달렸다. 차 앞으로 무언가 둔탁하게 부딪히는 소리가 났고 나는 겁에 질려 계속 달렸다.

오, 하느님 맙소사. 관세음보살. 관세음보살. 나는 울부짖듯이 관세음보살을 부르며 달렸다. 겁이 나서 차를 세우고 개를 살펴볼 수가 없었다. 동네를 오갈 때 가끔 로드킬을 당한 개나 고양이의 사체가 길가에 버려져 있는 것을 보고도 끔찍해서 고개를 돌렸는데, 그 끔찍한 짓을 내가 했다니 믿을 수가 없었다. 어쩌나. 어쩌나. 어쩌나.

그 짧은 순간에 내가 한 결정이 과연 옳았던 것일까. 내가 딴 생각을 한 것도 아닌데 개가 갑자기 나타나는 것을 왜 보지 못했을까 하는 자책, 평소에는 살생을 삼간다고 집으로 들어온 귀뚜라미나 나방도 손으로 집어 마당으로 던지던 것이 무슨 소용이 있었던가. 싱크대에 뜨거운 물을 버릴 때도 하수구에 있는 미생물이 죽는 것이 미안해 기도를 하고 버리던 것이 무슨 소용인가.

마지막 본 개의 모습이 우리가 키우는 개 쿠키와 너무도 닮았던 것이 더 충격이었다. 몇 날 며칠 그 개의 모습이 눈가에 어른거렸다. 생명을 앗았다는 괴로움으로 우울했다.

며칠 후 서울로 가기 위해 다시 전철을 탔다. 내가 앉으려던 자리 옆에 웬 스님이 앉아계셨다. 평소 같았으면 오히려 스님을 피해 앉았을지도 모르는데 그냥 옆에 앉았다. 그리고 얼마 가지 않아 내가 먼저 말을 꺼냈다. 얼마 전에 개를 치었는데 그것 때문에 마음이 몹시 괴롭다고 했다. 그랬더니 그 스님이 말했다. '인생이 환幻인데 그렇게 괴로워할 필요는 없다.' 그 얘기를 듣는 순간 나는 마음이 편해졌다.

금강경에는 '일체유위법이 몽환夢幻과 포영泡影이며 여로역여전如露亦如電이니 응작여시관하라.'라는 말이 나온다. '현상계의 모든 생멸법은 꿈이며 환이며 물거품이며 그림자 같고 이슬 같고 번개 같으니 마땅히 이와 같이 볼지어다'라는 뜻이다.

이 말을 매일 들으면서도 나는 인생이 덧없다, 집착할 것이 없다는 말로만 알았다. 그런데 스님이 인생이 환이라는 말을 하는 순간 나는 그 뜻을 오롯이 깨닫게 되었다. 인생조차 환인데 환속의 사사로운 일에 너무 매달려 있을 필요는 없다는 것, 지나간 어쩔 수 없는 일에 매달려 너무 자책만 할 필요는 없다는 것을 받아들이게 된 것이다.

죄를 짓지 않았다는 것이 아니다. 죽은 개를 위해서는 마땅한 후속 행위가 따라야 할 것이다. 그러나 어쩔 수 없는 일에 너무 집착하지 말자는 깨달음으로 나는 마음을 잡았다.

# 제5부

## 효부상孝婦賞

4월의 햇빛이 눈부시다.

늦은 아침, 설거지를 끝냈다. 거실로 쏟아져 들어오는 햇빛을 가리려고 커튼을 치고 방으로 들어왔다.

화장을 막 시작하려는데 '딱딱' 소리가 들려온다. 구순의 시어머니가 컵을 들고 기는 소리다. 한 번 몸을 움직이고 손에 든 빈 플라스틱 컵을 바닥에 딱 소리 나게 놓고는 다시 몸을 움직여 딱 소리 나게 놓으면서 당신 방에서 나와 식당까지 온다. 딱 소리 나게 놓지 않고 살짝 밀어도 되련만 무슨 심보이신가 그렇게 소리를 낸다. 시어머니의 성격을 그대로 나타내는 소리에 명희는 이제 그 소리만 들리면 소름이 끼친다. 남편은 그 소리만 들으면 시장통에서 기어가며 구걸하는 사람이 생각난다고 질색을 하지만 막을 수는 없다.

아니나 다를까. 그 소리가 두 번 나기도 전에 서재에 있던 귀 밝은 남편이 소리친다.

"여보!"

못 들은 체 화장을 시작하려던 명희는 할 수 없이 마루로 나와 복도를 기어오는 시어머니의 손에서 컵을 뺏었다.

"방에 물 있잖아요? 왜 나오세요."

당뇨가 있는 시어머니는 물을 많이 드신다. 방에는 항상 큰 물병에 물을 채워놓는다. 그런데 물이 남아있는데도 컵을 들고 기어 나오는 것이다. 명희의 말을 못 들은 척 시어머니는 계속 부엌 쪽으로 온다. 명희는 얼른 컵을 빼앗아 새 물을 따라서 어머니의 방 화장대 위에 갖다 놓았다. 한 옆에 있는 물병에는 아직도 물이 반이나 남아있다.

다리 힘이 약해져 시어머니는 서너 달 전부터 이렇게 기기 시작했다. 아파트는 현관을 들어서면 중문이 있다. 중문을 열면 왼쪽으로 마주 보는 방, 그 사이에 화장실이 있다. 오른쪽으로 긴 복도를 사이에 두고 식당과 거실이 있고 복도를 지나 양쪽으로 또 방이 있는 흔한 아파트 구조다. 48평 아파트의 복도는 꽤 길다. 시어머니는 현관의 왼쪽 방에서 나와 바로 옆에 있는 화장실까지 한두 걸음을 기기 시작하더니 요즈음은 아파트 끝 방에서 주방까지 꽤 긴 거리를 기어 오는 것이다. 명희나 남편이 있을 때 지금처럼 식당까지 기어 온 적은 없다. 식사 때는 벽을 잡고서라도 서서 걷는다. 정 아플 때는 지팡이를 짚을 때도 있다. 그러니 불쑥불쑥 기면서 나온다는 것은 무엇인가. 남편과 그녀에게 당신이 이렇게 힘들다는 것을 보여주려는 것이다. 내가 아직도 살아있다고 인지시키려는 것이다. 그 모습을 볼 때마다 명희는 안타까움 대신 격렬한 미움이 앞서 피가 거꾸로 솟는 것 같다.

지인과의 약속이 줄고 외출이 뜸해지던 칠십 대부터 시어머니는 집에만 있었다. 아이들도 집에만 있으면 나가 놀라고 야단을 칠 시기에 시어머니는 경로당 같은 곳에도 가지 않았다. 옛날 대갓집 아녀자들은 함부로 나다니지 않았다지만 명희가 보기에 시집은 배운 사람들이기는 했으나 고향에서 마실도 안 다닐 만큼 대단한 집안은 아니었다. 그런데 마실 같은 것도 안 다녔으니 동네 친구도 없었다. 집에만 있으면서 주 관심사는 가족이었으니 그것을 견디는 것도 힘들었다. 명희는 속이 터질 것 같은 세월을 견디며 시어머니가 이렇게 걷지 못하는 날이 올 것이 걱정이었다. 지금 명희가 동정 대신 미움을 느끼는 것도 무리는 아니다.

시어머니의 귀는 거의 들리지 않는다. 대부분의 말을 못 알아들으면서도 친정 형제 조카들과는 아직 전화 통화를 한다. 그러나 며느리 앞에서는 못 들은 체 안 들리는 척할 때가 많다. 명희도 이제는 아쉬울 것이 없다. 시어머니의 말을 일일이 못 들어도 할 수 없다. 어떤 때는 그녀도 일부러 못 들은 척한다. 사십여 년을 함께 살다 보면 말없이도 살 수 있는 것이다. 식사하세요, 전화 왔어요, 등 일상적인 말 외에는 거의 말 한마디 안 하고도 산다. 그녀가 물컵을 방에 갖다 놓자 시어머니는 이제 방향을 돌려서 당신 방으로 향했다.

명희는 서둘러 방으로 돌아와 화장을 시작했다. 어제 받은 아파드 부녀회장의 전화가 궁금했다. 만나서 이야기하겠으니 무조건 오늘 열 시까지 부녀회관으로 나오라는 것이었다. 전 부녀회장 시절에 잠시 부녀회 일을 본 적이 있었다. 시간이 지나며 보니 부녀회장이 매사에 너무 설치고 능수능란한 사람이라 마음이 안 맞았다. 결국 핑계를 대고 부녀회 일을 그만두었다. 이제는 부녀회와 아무 상관이 없다. 그런데 왜 보자는 것일까.

어제 전화를 끝낸 후 남편에게는 오늘 나간다고 미리 이야기를 했었다. 그런데도 열 시 오 분 전에 집을 나오며 "나, 나가요."하니 "어디를?" 하고 묻는다.

여자가 외출을 할 때 어디 가느냐고 묻는 남자는 매 맞을 남편이라는 말도 못 들었는지 남편은 매번 어디를 가느냐고 묻는다. 어제 한 이야기도 까맣게 잊어버린 것은 그녀에 대한 관심이 없다는 증거다. 그렇지만 명희는 그가 깜박했을 것이라는 것을 안다. 요즈음 깜박깜박하는 남편이 저으기 공포스럽다. 이제 나이 69세인데, 은행에서 정년을 맞고 일을 그만둔 지가 벌써 7년이 되었으니 급격한 상실감으로 인한 증세만도 아니다. 일주일에 서너 번쯤은 외출을 해서 친구들도 만나고 전의 직장동료들도 만나 이상 없다고 하지만, 오늘은 약속이 없어 집에 있는 날이다. 점심은 집에 와서 밥상을 차려야 한다.

"부녀회에 간다고 했잖아요."

"그랬지. 갔다 와요."

시어머니의 방문을 열고 '나갔다 와요' 한마디 했다. TV를 보던 시어머니는 듣지 못한 채 미동도 하지 않는다. 명희는 다시 그녀의 어깨에 손을 대고 소리를 질렀다. '나갔다 올게요.' 그제야 인기척을 느끼고 시어머니는 고개를 돌렸다. 무엇인가 묻고 싶은 눈치였지만 그녀는 성급히 문을 닫았다. 전에는 어디 어디 간다고 꼬치꼬치 대답을 해야 했지만 이제는 잘 듣지도 못하니 대답을 하려면 소리를 지르며 몇 번이나 얘기해야 한다. 피곤하다. 그러니 대강 나간다고만 하는 것이다. 이제는 그녀도 마음대로 할 나이가 되었다. 그녀 나이 66세다.

봄기운이 완연하다. 양지바른 아파트 축대 사이사이에는 영산홍들이 입술을 벌린 채 방싯거리며 웃고 있다. 며칠 사이 사람들의 옷차림도 사뭇 가벼워졌다. 집에서는 웃을 일이 없는데 밖으로 나오니 쏟아지는 빛에 가슴이 마냥 부푼다. 나이가 무슨 상관이랴. 이렇게 밝은 세상이 있다는 것이 다행스럽다.

관리사무소와 같은 건물 안에 있는 부녀회 사무실의 문을 열었다. 얼마 전에 새로 뽑혔다는 부녀회장이 반색을 하며 반긴다. 옆에는 서너 명의 낯선 여자들도 있다. 모두 오십 대 초반이나 되었을까. 젊고 생기에 차 있는 모습들이다. 부녀회의 새 임원들인 것 같다.

"어떻게 오셨어요?"

명희는 얼굴을 알고 있는 부녀회장이 자기를 아는 줄 알았더니 그것이 아닌가 보았다.

"나, 802호"

말이 나오기 무섭게 그녀가 소리친다.

"아! 802호 어머님"

"웬일로 나를 보자고 했어요?"

"아이, 우선 차 한잔 하시구요."

부녀회장은 싹싹하게 말하면서 앉을 자리를 가리켰다.

"무슨 차 하실래요? 커피? 녹차?"

녹차 티백을 종이컵에 넣고 더운물을 부어 건네면서 부녀회장이 말했다.

"전 부녀회장님에게서 말씀 많이 들었어요."

전 부녀회장과 살갑던 처지도 아닌데 무슨 말을 들었다는 것일까.

"용건부터 말씀 드릴게요. 실은 저희가 다음 달에 있을 어버이날 행사를 계획하면서 자라나는 아이들, 젊은 엄마들에게 효 사상도 전할 겸 효부상을 만들어 시상하려고 하거든요. 그런데 전 부녀회장님이 어머님을 추천하셨어요."

"네!"

"왜요, 놀라셨어요?"

그녀가 생글생글 웃으며 묻는다.

까무러칠 만큼 놀랐을 뿐만 아니라 기분이 나빠졌다. 꿈에도 생각지 못한 일이었고 있을 수도 없는 일이었다. 명희는 젊은 여자들이 웃는 낯으로 바라보는 모습이 자신을 비웃는 것 같다고 느꼈다. 효부상이라는 것은 말로만 듣던 얘기이고 전해 듣기나 했던 옛날이야기인데, 지극정성으로 시부모를 모신 사람들이 받는 상이 아닌가. 시어머니가 빨리 죽기를 기다리는 사람이라는 사실이 탄로 난 것처럼 명희의 낯빛이 하얗게 변했다. 부녀회장이 명희의 손을 잡으며 얼레바리를 친다.

"어디 놀러 가도 꼭 시어머니 선물을 사시고 떡 좋아하신다고 떨어뜨리지 않고 떡도 사신다는 얘기를 전 부녀회장님이 하셨어요. 요즈음 그런 며느리도 쉽지 않다고요. 그리고 우선 시어머님이 구십 세시라고. 요즈음 오래 사신다고 해도 우리 아파트에 구십 세 시어머니 모시고 사는 어머님이 어머님뿐이에요."

"정말요?"

"네. 좀 더 나이 드신 분도 있지만 다 양로원이나 요양원에 계시다네요."

"난 그런 상 받을 만큼 한 것이 없으니 그 상은 도저히 받을 수 없네요."

부녀회 사무실에 모인 여자들은 모두 명희보다 열 살 이상은 어린 것 같았다. 그리고 여자 나이 열 살 차이라는 것은 이런 것인가. 명희는 너무나 젊고 팽팽한 그녀들 앞에서 약점을 잡혀서는 안 된다는 생각에 겨우 마음을 가다듬고 한 소리였다.

자리를 일어서려는데 부녀회장이 손을 잡았다.

"잘 생각해 주세요. 저희는 이 행사를 우리 아파트의 연례행사로 만들고 효를 상징하는 아파트로 만들려고 합니다. 그러니 도와주세요. 저희 모두는 어머님이 받으실 만하다는 것을 이야기 들어 다 알고 있으니까요.

"난 받을 수 없다는 것만 알아주세요."

손을 살짝 뿌리치고 명희는 부녀회 사무실을 나왔다.

가슴이 울렁거렸다. 햇빛은 좀 전과같이 찬란했으나 이제 명희의 머릿속에는 햇빛 따위는 눈에 들어오지도 않았다.

"말도 안 돼, 말도 안 돼"

명희의 머릿속에서 계속 떠오르는 생각은 이 말뿐이었다. 효부상이라니. 그녀는 가당치 않은 제의라고 생각했다.

추해지는 시어머니가 싫고 밉다 못해 요즈음은 얼굴도 똑바로 쳐다보지 않는다. 노인에게 기본적으로 하는 일은 공경심이나 마음에서 우러나오는 효가 아니라 의례에 불과했다. 이제까지 해오던 감정이 실리지 않은 습관적인 행동, 그 이상도 이하도 아니었다. 그런데 효부상?

부녀회관에 머문 것은 몇 분에 지나지 않았지만 명희에게는 충격적인 일이었고 저으기 당황스러웠다. 그동안 쌓인 감정이 쓰나미처럼 밀려왔다. 그녀의 발걸음은 자신도 모르게 아파트 정문을 향해 걷고 있었다.

이대로 집으로 갈 수는 없었다. 명희는 아파트 상가 쪽으로 발길을 옮겼다. 그리고 생소한 커피숍 문을 열었다. 바로 옆 아파트에 살면서 커피집을 드나드는 사람들은 누구일까. 항상 궁금했으니 들어가 본 적이 없는 커피집이었다. 그곳에는 카페라는 간판이 붙어있었다.

오전 열 시가 조금 넘은 카페 안은 한적하다 못해 썰렁했다. 명희는 창가 구석 자리에 자리를 잡고 앉았다. 누군가를 기다리는 모양으로 창밖으로 지나가는 사람들을 바라본다. 시간이 지나 유자차가 오자 뜨거운 잔을 어루만지며 생각한다. 시어머니와의 관계를.

십 년 전에 효부상을 받으라고 했으면 아마 이렇게까지 당황스럽지는 않았을 것이다. 더 젊고 더 극성맞았던 시어머니였지만 지금처럼 쌓이고 쌓인 미움으로 폭발할 지경은 아니었다. 그렇다면 자신에게 문제가 있는 것일까. 명희는 자문해 본다. 그럴지도 모른다. 오십 대까지는 참고 살았는데 육십이 넘으니 참기가 어려워지는 것이 왜인지. 자신도 늙어가고 있다는, 이미 늙었다는 이유인지도 모른다.

6.25 전쟁이 끝나고 나라는 피폐해질 대로 피폐해졌다. 그런 시대에 면 단위의 시골 학교에서 선생을 하던 남편이 갑자기 쓰러진 것은 아들이 열 살, 딸이 일곱 살 때였다고 한다. 남편을 잃고 남매를 키운 시어머니를 아들이 모시는 것은 당연한 일이었다. 결혼만 하면 행복은 저절로 따라오는 줄 알았던 연애 시절, 같은 은행에 다니던 남편과 결혼 말이 오갈 때는 명희도 시어머니를 모시는 것이 당연하다고 생각했다. 한 세대 차이로 그때만 해도 그 일에 반대를 할 만큼 세상 이치에 밝지도 못했다.

스물여덟 살인 남편과 결혼할 때 시어머니의 나이는 오십이었다. 지금으로 치자면 청춘도 새파란 청춘인데, 어머니를 모셔야 한다는 생각 외에는 다른 생각이 없었던 아들은 그렇다 치고 시어머니는 왜 자신의 삶을 살아보겠다는 생각은 눈곱만큼도 안 했을까.

신혼여행에서 돌아와 친정에서 하룻밤을 자고 살 집으로

왔을 때 첫날부터 떡 버티고 있었던 시어머니에게 숨이 막혔었다. 한 집에 두 여자가 산다는 것은 못 할 짓이다. 명희는 안방 문을 잠그지도 못했고 남편과 소파에 나란히 붙어 앉는 것도 피해야 했다. 시어머니가 무슨 말을 한 것은 아니었지만 눈치로 보아 그럴 수밖에 없었다. 그럴 수밖에 없었던 사실이 자기 탓이라고 해도 명희는 이제 그런 모든 일에 심한 분노를 느꼈다.

봄에 결혼을 했고 가을에는 동갑인 시누이가 시집을 갔다. 그리고 결혼 후 곧 들어선 큰아들, 두 살 차이의 딸, 결혼과 동시에 집에 들어앉은 명희에게는 그런저런 일들이 있어서 그럭저럭 날이 지나간 것이 천만다행이었다.

애들을 키울 때 시어머니의 도움이 컸다는 것은 부정할 수 없다. 하지만 결혼 후 직장생활을 접고 살림만 한 명희에게 그 일로 일생을 담보 잡은 듯이 유세를 떠는 것은 당하는 사람에게는 또 화가 치미는 일이다.

결혼 후 사 년 만에 남편이 일본 지점으로 발령이 나서 일본으로 가게 되었다. 집을 정하기 전에 먼저 떠난 남편이 일본의 아파트를 보고 좁아서 어머니는 같이 못 살겠다고 했다. 거실과 방 하나에, 방 사이도 얇은 미닫이문으로 되어있는 작은 평수의 아파트도 맨션이라 불리며 월세가 만만치 않았던 것이다.

시어머니의 적적함을 무마하기 위해서 딸을 떼어놓고 갔다. 혼자서 애 둘을 키우기 어렵다는 이유를 대는 시어머니에게 거역할 수는 없었다. 모처럼 시어머니 없이 살았던 일본 생활 삼 년이 명희에게는 일생 중 가장 행복한 시절이었다. 하지만 딸을 떼어놓고 갔던 일은 지금 생각해도 한이 맺히는 일이다.

시어머니는 혼자 아이를 키운 것에 대한 공치사로 명희를 괴롭혔다. 손자는 아들이라고, 딸은 자기가 삼 년을 혼자 키웠다며, 애들이 들고 날 때마다 에미를 제쳐 놓고 당신이 더 앞장을 서서 맞이했던 일이다. 지금까지 나무의 옹이처럼 남아있는 이 일도 십 년 전에는 참을만했다. 요즈음은 이런 일들이 생각나면 화가 솟구쳐 잠을 이루지 못한다.

따듯했던 컵의 온기가 사라진 지 오래되었고 홀짝이던 유자차 바닥이 드러난 지도 꽤 되었다. 명희는 옛날 생각에서 깨어났다. 지나간 세월을 생각하면 풍파 없이 살았다는 생각이 들면서도 시어머니 생각만 하면 스스로가 싫어졌다. 왜 내게 이런 미움의 감정을 갖게 하는지, 그런 그녀가 싫었다. 사람을 이렇게 미워할 수 있는 자신도 싫었다.

육십이 넘어서까지 이런 감정을 갖게 하는 시어머니의 존재가 싫은 것이다. 그런데 효부상이라니.

상가 앞에는 버스 정류장이 있고 아파트로 들어오려면 그곳을 지나야 한다. 명희가 상가 밖으로 나왔을 때 정류장 근처에 냉이, 달래 등 몇 가지 채소를 팔고 있는 할머니가 판을 벌이고 앉아 있었다.

"오랫만이시네요."

명희는 그녀에게 반갑게 인사를 했다.

팔십이 넘은 할머니는 아파트 단지가 끝나고 벌판이 남아있는 옛날 동네에 산다. 집 앞의 텃밭에 이것저것을 심어 몇 개씩 들고 팔러 나온다. 요즈음 정류장 근처에 판을 벌려놓은 노인들 중 대부분은 물건을 받아다 판다. 그러나 이분은 자기가 농사짓거나 근처 야산에서 뜯은 것만 파는 할머니다. 명희는 언젠가 그녀를 따라 그녀의 집에까지 간 적이 있었다. 겉보기에는 낡은 옛날 집이었는데 안으로 들어가니 노인 혼자 사는 집치고는 깔끔했다. 자식들이 번듯하게 사는데 같이 살기 싫어 혼자 산단다. '같이 살며 뭐하러 자식들 힘들게 하느냐'는 것이 그 할머니의 지론이다. 명희를 위로하는 듯한 할머니의 말에 감읍하지 않을 수가 없었다. 이렇게 자주적인 할머니도 있는데.

명희는 할머니가 뜯어온 냉이를 다 샀다. 그리고 냉잇국을 끓였다.

"냉이국이 좋네"

점심을 먹으며 남편이 한마디 한다. 그리고는

"부녀회에서는 무슨 일로 부른 거야?"

라고 물었다.

"무슨 일은…"

남편이 잊지 않고 묻는 것이 신기하다. 집에 있는 날은 하루에 한 번 아파트 산책로를 걷는 것 빼고는 서재에 들어앉아 음악을 듣거나 책을 보는 것이 전부다. 요즈음은 인터넷에 빠져 산다. 그러니 별로 말이 많지 않아 명희를 피곤하게 하지는 않는다. 그러다 가끔 시어머니에게 느끼는 압박감을 위로하는 말을 던지기도 한다. 그럴 때 보면 남편도 시어머니에게 애틋한 정을 느끼는 것 같지는 않다. 한 마디로 착한 남편이다. 그렇기 때문에 명희는 남편에게는 큰 불만이 없었다.

명희는 약간 당황했다. 남편에게 말을 해야 할지 아직 마음을 정하지 못 했던 것이다. 입 밖에 내기도 싫은 이야기였다. 자신의 선에서 없던 일로 하고 싶었다. 한 편으로는 남편에게 도움을 청해볼까 싶은 생각도 들었다. 자신만이 알고 있기에는 너무 부담스러운 이야기이기도 했다.

"실은 어이없는 소리를 듣고 왔는데……"

"무슨 소리를 들었기에?"

남편이 평소와 달리 과한 호기심을 보인다.

"나한테 효부상을 준답디다."

"효부상?"

남편의 얼굴에 웃음꽃이 핀다.

"당신에게 효부상?"

남편은 다시 한번 그 말을 반복하고

"그래, 당신 받을 만하지."

라고 말을 맺었다. 그리고는 웃었다. '허 참'

명희는 아차 싶었다. 아내가 상을 탄다니 남편은 그냥 좋기만 한 것이다. 후회와 함께 외로움이 밀려왔다. 역시 자신의 선에서 해결해야 했다는 후회와 시어머니에 대한 내 감정은 아무도 알 수 없고 이해할 수도 없다는 데서 오는 외로움이었다. 남편조차 알 수 없는 짙은 외로움, 고독이라고 해도 좋을 감정이 그녀의 화를 불러일으켰다.

"당신, 이 이야기 아무한테도 하지 말아요. 내가 안 받겠다고 했으니까. 어머니, 내가 싫어하는 거 당신 알잖아요. 어쩔 수 없이 모시고 사는 거라는 거. 만약에 걷지 못해 화장실에 못 가시게 되면 나 더는 못 모신다는 거, 당신 알고 있어요. 그런 내가 무슨 효부상을 타요. 나 효부상이고 뭐고 다 소용없어요."

명희는 신경질적으로 식탁에서 일어나 잰걸음으로 방으로 들어왔다. 이럴 때 솟구쳐 오르는 화를 감당하기가 어려웠다. 시어머니에 관련된 이야기나 생각만으로도 이렇게 화가 나는 이유가 무엇인지 명희는 괴로웠다.

남편이 먹은 점심 설거지를 하고 있는데 시어머니가 지축대며 식탁으로 걸어왔다. 아침을 늦게 먹었으니 점심 생각이 없다고 나중에 먹는다고 하더니 냉잇국 냄새를 맡고 나오는 것이다. 세 식구밖에 안 되는 식구지만 거의 매끼 두 번씩 차려야 하는 식사도 번거롭다. 번거롭기는 하지만 명희는 아들과 겸상을 하며 쉴 사이 없이 이야기를 하는 시어머니를 보기보다는 따로 상을 차리는 것이 나았다.

아들과 겸상을 할 때 시어머니의 자리는 아들의 맞은편으로 정해져 있다. 언제 드실지 모르니 식사 전에 항상 수저를 먼저 놓는데 오늘도 시어머니의 자리에 수저를 놓았었다. 그런데 시어머니는 마루에서 걸어와 식탁의 아들 자리에 앉는다. 그것이 당신의 자리보다는 몇 걸음 덜 걷기 때문이다. 남편이 없을 때 그 자리에 앉는 것은 그래서 이

해가 된다. 그런데 수저가 빈 그 자리에 앉아서 꼼짝을 않고 반찬과 밥이 놓이기를 기다리는 것이다. 기다리는 동안에 맞은편에 놓인 수저를 옮겨 당신 앞에 놓으면 손이 어떻게 되는지 명희는 이럴 때마다 속에서 불이 난다. 수저를 옮기는 것쯤은 아무리 늙어도 할 수 있는 일이다. 더욱이 자신이 음식을 먹을 수저가 아닌가. 그런데도 시어머니는 음식이 다 놓일 때까지 꼼짝을 않는 것이다. 밥과 반찬을 다 차려놓고 모른 체하려 하지만 그 모양을 보고는 명희가 먼저 못 참고 수저를 옮겨 놓는다. 그렇게 꼼짝 안 하는 시어머니가 얄밉고 자신이 숟가락을 집어줄 수밖에 없었던 사실에 화가 나고 이런 작은 일에 노여움이 인다는 사실이 그녀를 괴롭힌다.

친구의 어머니는 집에서 걸레를 손에서 놓지 않는다고 한다. 여자들이 집에서 제일 하기 싫은 일은 청소와 빨래다. 빨래야 요즈음은 세탁기가 다 해주니 널고 걷어서 개려면 귀찮기야 하지만 싫을 것도 없다. 그렇지만 청소는 청소기가 쓸어주어도 걸레로 닦아야 하는데 닦는 것이 힘든 것이다. 대걸레로 닦으면 구석구석이 안 닦이고 손으로 걸레질을 하려면 힘이 드는 제일 싫은 일인 것이다. 그런 일에 도움을 준다면 얼마나 좋을까. 시어머니는 평생 청소라고는 당신 방밖에는 해보지 않은 사람이다.

쪽파를 다듬어 준다고 하면 신문지 펴놓고 쪽파와 칼 갖다 바치고 그릇 따로 갖다 놓아야 하는 일은 명희가 해야 한다. 김치를 담는다면 그 시중은 말할 수 없이 많다. 앓느니 죽지, 나이 먹으면서 시어머니가 손 대기 전에 명희가 할 일을 먼저 하는 이유이다.

"입맛이 없다"가 요즈음 시어머니가 식탁에 앉으며 하는 인사이다. 워낙 잘 드시던 분이 입맛이 좀 떨어진 것이다. 생각해 보면 나이 구십이니 입맛이 떨어질 때도 되었다. 전에 먹던 만큼 못 먹으니 성화가 나는 것이다. 무엇을 해도 맛있다는 말이 없으니 명희는 이제 신경 쓰지 않기로 했다. 당뇨에 짠 음식이 그렇게 나쁘다는 데도 옛날부터 짭짤하지 않으면 밥을 못 드신다.

시어머니의 입에서 아프다는 말이 나온 것은 명희가 결혼을 하고부터였다. 머리에서 발 끝까지 순서를 바꾸어가며 아프다는 말이 듣기 싫기는 했다. 남편을 잃고 혼자 아이 둘을 키웠으니 고생도 했겠지 싶어, 처음 아프다는 소리를 들었을 때 명희는 이해하려고 노력했다. 그 후 20여 년, 명희의 얼굴만 보면 아프다는 소리를 내뱉는 시어머니는 내가 너무 편해서인가 하는 생각에 열을 받았다. 그때만 해도 혼자 병원에도 가고 보약도 틈틈이 지어 먹을 때였다. 그것 때문에 못 살 정도는 아니었다.

늙으면 아픈 데가 많아지는 것은 당연하다. 구십 세의 아픔이 칠십 세의 아픔보다는 더 하겠지. 그렇다면 칠십 세에 아프다는 소리를 좀 덜 했어야 하는 것 아닌가. 명희는 예전이나 지금이나 똑같은 아픈 소리를 하는 시어머니에게 질려버렸다. 이즈음은 그 소리를 들은 체도 안 한다.

명희가 보기에 시어머니는 건강 체질이다. 밥도 잘 먹고 내장이 어디 하나 고장 난 것도 아니다. 그런데도 항상 머리가 아프고 팔다리가 저리고 당뇨에 고혈압에, 변비에 설사에 갖은 증세로 주위 사람을 괴롭힌다. 그동안 혹시나 혹시나 하며 가슴을 졸였던 세월에 이제는 마이동풍이다. 또 어디 아프다는 얘기를 하려는 찌푸린 얼굴만 보아도 사십여 년 동안 아프다는 소리가 폭풍처럼 몰려와 공포심을 일으킨다. 그러니 그 진절머리 나는 소리를 잊으려면 무시할 수밖에 없다.

거실에 있는 전화가 울렸다.

집에는 아직 지역번호가 있는 전화가 시어머니의 방과 거실에 있다. 시어머니의 전용 전화는 지역번호가 있는 전화이다. 시누이를 비롯한 친척 몇 사람은 시어머니에게 전화할 때 그 전화를 사용한다.

명희와 남편은 각자의 스마트폰을 사용한다.

저녁이 끝난 시간에 자지러지게 울리는 거실 전화에 약간 의외라는 생각을 하며 명희는 수화기를 들었다.

"여보세요?"

"언니, 상 탄다며?"

다짜고짜 들이대는 수화기 너머의 목소리는 하나뿐인 시누이다.

"고모, 무슨 소리예요?"

시치미를 떼고 말은 하지만 속은 부글부글 끓기 시작한다.

"아까 노인네한테 얘기 들었는데 언니가 무슨 효부상을 탄다며?"

"그 소리는 또 어디서 들으셨대요?"

"오빠가 오늘 점심에 얘기하더래요. 점심 먹으면서, 하여튼 언니는 복도 많아. 노인 모신다고 그런 상도 타고. 모신다고 다 그런 상 타는 건 아니지 않수. 그리고 어머니가 계시니 그런 상도 타는 거구. 하여튼 축하해요."

"아니, 아직 결정된 것 아니에요."

얘기하지 말라고 했건만 사흘을 못 넘기고 전화까지 받

게 된 사실에 기가 막혔다. 남편에게 당장 소리를 지르고 싶지만, 오늘 점심에 친구와의 약속 때문에 집을 비운 사이에 일어난 일이니 어쩔 수가 없다. 시어머니가 차려준 밥상에 마주 앉아 밥을 먹으려면 쓸데없는 이야기라도 하지 않을 수 없었을 것이다.

명희도 일주일에 두세 번 외출을 한다. 문화센터에서 그림을 그리고 친구도 만난다. 점심 약속이 있는 날은 대강 준비해 놓고 나가면 시어머니가 차려서 드시고, 아들이 있는 날은 차려서 아들과 함께 먹는다. 다리를 끌면서라도 아직은 이런 일은 할 수 있다.

명희는 시어머니가 이런 날을 좋아한다고 생각한다. 그럴 것이다. 아들과 단둘이 있을 수만 있다면 마음만 앞서 무엇이든 해주려고 한다. 그러니 미안해할 필요는 없다. 전에는 미안해한 적도 있지만 이제는 나갈 일이 있으면 대강 준비해 놓고 언제든지 나간다. 그런 사이 벌어졌으니 어쩔 수가 없다.

그러나 시누이의 뼈 있는 말은 아무리 해도 기가 막히고 열이 오른다. 시어머니가 있어 상을 탈 수 있다니. 그럼, 그런 어머니 네가 모시고 살아라! 라는 말이 절로 나오는데 할 수 없으니 속이 부글부글 끓는 것이다.

시누이는 결혼 삼 년 후에 시어머니가 돌아가셨다. 그때는 시집온 지 얼마 안 돼서 시어머니가 돌아가셨다고 구박도 많이 받았다. 징징 울면서 하소연하던 때가 엊그제 같은데, 이제 나이 들고 보니 어른 없이 편하게 살아 기고만장할 때가 많다.

평소에는 어머니 모시고 사는 올케가 고맙다고 어머니를 노인네라는 호칭을 써가며 흉을 보는 듯도 싶지만, 이런 때는 본심이 나와 열을 돋군다. 시누이가 이런 때 명희는 외롭다. 남편과 시집 식구에게서 떨어져 나와 영혼이 지구 밖을 떠도는 느낌이다.

중학교 선생인 딸에게서 전화가 왔다. 오전 열 시경이니 수업과 수업 사이에 잠깐 시간을 내서 건 것이 분명하다.

"엄마, 효부상 타신다면서요? 축하드려요."

또 누가 재빠르게 이야기했는지 묻고 싶지도 않다. 시어머니였으리라.

"응. 그런데 이 시간에 웬일이니?"

용건은 축하 전화가 아니다. 축하 전화라면 집에서 길게 이야기할 딸이다. 역시 회식이 있으니 내일 오후에 와서 하룻밤 자 달라는 전화다. 초등학교 5학년짜리 딸이 있는 딸은 중학교 교사다. 남편은 지방대학의 교수가 되어 주말 부부가 되었다.

딸은 자주 전화한다. 이번처럼 회식이 있을 때 아이가 학원에서 돌아올 때쯤 집에 와서 아이 저녁을 차려주고 저녁 시간을 함께 보내다가 자고 가라는 이유 때문이기도 하고 제가 힘들 때, 또 학교에서 있던 일에 대해, 감당하기 어려운 일이 있을 때 한다.

명희는 꼭 필요한 일이 있을 때 외에는 자식들에게 전화를 하지 않는다. 워낙 바쁘게 사는 아이들이니 언제 한가하게 전화를 해야 할지 몰라서다. 필요한 일이 있으면 하지 밀래도 지희들이 한다.

시어머니는 아이들이 어렸을 때 학교에 가는 시간이 되면 당신이 끝까지 따라 나가 인사를 받았다. 돌아올 때는 당신이 먼저 나가서 아이들을 맞았다. 노인이 그럴 때 처음에는 어이가 없었지만 명희는 차츰 그러려니 하고 한발 물러서서 아이들을 맞았다. 내 아이들인데 하는 생각에 화가 났지만 노인을 거역하기 싫어 참고 견뎠던 것이다. 그때 왜 그것을 허용했을까. 지금 생각하면 엉겨붙은 포도알처럼 한이 맺히는 일이다.

시어머니는 얼마 전까지도 손주들에게 불쑥불쑥 전화를

했다. 바쁜 사회생활을 하는 아이들이 할머니의 전화에 대놓고 불평을 하게 되자 요즈음은 삼가는 투다. 그리고는 "애들에게 전화해 보았느냐?"고 명희를 다그친다. "안 했어요. 바쁜 애들에게 왜 전화를 해요" 하면 "잘 있는지 궁금하지도 않니? 에미가 돼 가지고 쌀쌀맞기도 하다."고 한다. 시대가 바뀐 것을 모르고 당신 위주의 생각만 한다. 별일 없으면 아이들에게 전화를 하지 않는 것은 시어머니에게서 받은 집착에 대한 거부감이기도 하다. 자신은 절대 아이들에게 부담을 주는 부모가 되지 않으련다. 명희는 스스로에게 다짐했다. 그렇지만 도움을 청할 때는 기꺼이 응해주겠다는 생각이었다.

그날 오후는 바쁘게 지나갔다. 딸네 가져갈 반찬으로 몇 가지 나물과 멸치볶음, 장조림 등을 만들었다. 시름없이 앉아 있다가도 아들이 밥을 먹으러 온다거나 딸이 무엇이 필요하다고 해서 만들게 되면 생기가 나는 것은 알다가도 모를 일이다. 그렇지만 그것도 옛날 말이다. 딸도 필요한 것만 해주어야지 제가 싫은 것은 거절당할 때가 있고 장가간 아들네는 아예 소식이 없다.

남편이 차로 딸의 아파트까지 데려다주고는 저녁 약속이

있다고 바로 갔다.

손녀딸은 학원이 끝나고 여섯 시나 되어 집으로 왔다. 할머니가 온 것을 보고는 좋다고 껴안는다. 이럴 때 손녀딸의 진가가 느껴진다. 모처럼 웃을 수 있는 일이 생긴 것이다. 손녀딸과 이런저런 이야기를 하면서 명희는 이야기가 통하는 것이 즐겁다. 딸은 손녀딸과 친구같이 지낸다. 하기야 명희도 딸과는 친구 같다. 시어머니에 대한 미움은 숨기고 불평 정도는 딸과 이야기를 통해서 풀기도 한다. 딸이 없었다면 명희의 인생은 훨씬 삭막했을 것이다. 자식에게 기대지 않겠다고 하면서도 이야기로 통할 수 있는 딸이 있다는 것은 축복이라는 생각도 든다. 가끔 오는 딸네 집이 유일한 탈출구이기도 하다.

며칠 동안 시어머니와의 옛날 일을 생각하면서 입맛이 다 없어졌다. 딸네 냉장고를 보니 텅 비었다. 식빵 몇 조각과 기본적인 음식 몇 가지뿐이다. 명희는 가져온 반찬을 냉장고에 넣으며 생각했다. 집에서 음식을 하면서 냄새를 맡아서인지 밥이 아닌 다른 음식을 먹고 싶었다. 그런데 별것이 없으니 식빵에 잼이라도 발라 우유와 간단하게 먹을까 하는 생각을 했다.

"유미는 저녁 무얼 먹을래? 할머니가 반찬 몇 개 해왔는데 그것 해서 밥 먹을래?"

"할머니, 나 저녁 안 먹어요. 학원 끝나고 친구들하고 떡볶이 먹고 왔거든요. 저녁 먹으면 살쪄서 안 돼."

명희는 충격을 받아 잠시 할 말을 잃었다. 손녀와 친구 같다는 생각을 한 것은 역시 착오였던가. 바다가 갈라지는 것만큼이나 큰 세대 차이가 느껴졌다.

'얘, 지금은 우선 먹고 키가 커야지. 무슨 다이어트를 하니?"

"할머니, 나 다이어트 해야 되요. 키에 비해서 너무 쪘거든요. 그리고 오늘은 먹을 만큼 먹었어요."

명희가 충격에서 헤매고 있는데 딸에게서 전화가 왔다.

"엄마, 오셨어요?"

"그래, 유미도 좀 전에 왔다."

"나 지금 저녁 먹으러 나가는데, 엄마 식탁 위에 있는 과자 유미 간식으로 주세요. 어제 학교에서 먹다 남은 건데 너무너무 맛있어서 남겨 온 거예요. 유미 주려고."

"그래 알았고, 냉장고에 있는 식빵 먹어도 되니?"

"아니, 그건 내일 아침에 먹을 건데"

"그래, 알았다.

"엄마, 유미 부탁해요. 나 열 시쯤에는 들어갈 거야.

그리고 딸은 전화를 끊었다. 추락하는 것에는 날개가 있다는데 명희의 추락에는 날개가 없었다. 심한 배신감, 섭섭함이 그녀의 온몸을 휩쓸었다.

제 딸에게 주라는 과자 한 개 엄마도 맛보라고 했으면, 식빵 사 갈 테니 드시고 싶으면 드시라고 했으면 명희가 이렇게 노엽지는 않았을 것이다. 참 어이가 없었다. 천국에서 지옥으로 떨어진 기분이 이럴까. 저녁을 굶었는데 명희는 배고프지 않았다.

애써 감정을 숨기고 딸네 집에서 하룻밤을 버틴 명희는 이튿날 아침, 약속이 있다는 핑계를 대고 딸과 손녀와 함께 집을 나왔다. 딸은 평소처럼 하룻밤 자고 청소까지 해주고 가지 않는 에미를 야속하다고 했을지 모르지만, 명희는 그럴 수가 없었다. 가슴이 절인 배추처럼 저려 왔다. 정류장에서 아이들과 헤어져 버스를 기다리고 서 있으려니 황량한 벌판에 혼자 서있는 것처럼 마음이 삭막했다.

버스를 타고 집으로 돌아오는 길, 명희는 그럴 수도 있다고 생각했다. 사랑은 내리사랑이라고 하지 않는가. 자식에게 맛있는 것을 주고 싶은 에미의 마음이 잘못된 것도 아니고, 식빵은 마음이 급해 새로 산다는 생각을 못 했을 수도 있다. 자식의 일이니 아무에게도 할 수 없는 이야기였지만 명희는 그렇게 이해하기로 했다. 다만 부모 자식의 그 애틋한 표현을 나는 해본 적이 있었던가 생각하니 시어머니 생각이 나서 또 우울해지는 것이었다.

강북에서 강남을 거쳐 신도시까지 가는 길은 멀었다. 전철을 갈아타고 다시 버스를 타고 가는 동안 명희의 기분은 젖은 낙엽 같았다. 어느 때는 활기를 얻어 일을 해주고도 신나게 돌아온 적이 있었지만 오늘은 아니었다. 자식도 좋기만 한 것이 아닌 줄은 알았지만 만약 같이 산다면 명희의 마음은 이런 일을 겪을 때마다 황폐해질 것이다. 그러니 자식과 산다는 것은 서로 못 할 짓이다. 시어머니 때문에 안방 문까지 문이란 문은 다 열어놓고 살았고, 거실 소파에서도 남편과 있을 때는 조금 떨어져 앉았었던 일을 생각하니 씁쓰레할 뿐이다.

버스에서 전화를 받았다. 예상치 못한 며느리의 전화다.

"웬일이니, 네가?"

생전 전화도 없다가 웬일로 전화를 다 하느냐는 뜻으로 말을 하려다가

"오랜만이네."

하고 말투를 바꾸었다. 며느리에게도 말실수를 안 하려

고 신경을 쓰는 세상이다.

"어머니가 효부상 타신다고 해서 축하 전화 드렸어요."

"그 소리는 어디서 들었어?"

"할머니가 전화하셨어요. 어제 저녁에"

시어머니에 대한 짜증이 앞선다.

"그래, 그런데 아직 결정된 건 아냐. 축하는 이른 것 같다."

사십이 다 되도록 장가를 못 가는 것은 에미 탓이라고 명희를 닦달하던 시어머니다. 아들이 서른여덟 살에 장가를 가서 삼 년이 되도록 아이가 없자 시어머니는 또 성화였다. 잘난 며느리를 얻어 아들보다 바쁜 며느리가 탐탁한 것은 아니지만 며느리에게 물어볼 수는 없었다. 아들에게 넌지시 물어보았지만 '바빠서 애를 낳아도 키울 수나 있겠느냐'는 아들의 퉁명스런 말투에 명희는 더 어쩌는 수가 없었다. 언젠가 보았던 아들 집의 부엌에서는 밥을 해 먹는 흔적을 느낄 수 없었다. 밥도 못 얻어먹고 다니는 듯한 아들의 처지를 생각하면 혹시 아들에게 문제가 있는 것은 아닐까 하는 생각도 들어 더욱 그랬다. 애를 낳으면 키워주겠다는 약속을 받아내기 위한 말이 아닌가 싶어 괘씸하기도 했다.

아들이 지금 결혼을 후회하고 있는 것이나 아닌가 하는

생각에 명희는 속이 쓰렸다. 그런데 신년 초에 집에 온 손자며느리에게 시어머니가 '애는 왜 안 낳느냐'고 물었다. 시할머니의 역정 섞인 목소리에 며느리는 '노력하고 있다'는 말을 하며 눈물을 보였다. 그리고는 가끔 하던 전화도 더 뜸해졌었다. 뜻대로 되지 않는 자식에게도 속이 상하지만, 하고 싶은 말을 다 하고 사는 시어머니를 생각하면 또 화가 나는 것이다.

손자며느리를 울리게 한 사건으로 그동안 전화를 참고 있다가 핑곗거리가 생겨 전화한 것이리라. 그런 말을 전하는 시어머니의 생각은 어떤 것일까 궁금하기도 하다.

부녀회에서는 명희의 거절에도 불구하고 그녀를 효부상의 수혜자로 결정했다. 일방적으로 결정한 후의 변명은 역시나 자격이 되는 사람이 명희밖에는 없다는 것이다. 그 사실을 통보받은 후 명희는 어쩔 수가 없었다. 날은 다가오고 있었으나 그녀는 상을 받을 수가 없었다. 어버이날, 상을 받기 위해서 시어머니를 대동하고 경로잔치에 나간다는 것이 명희에게는 상상하기도 싫은 일이었다.

어린이날이 지난 다음 날, 남편은 친구들과 점심 약속이 있는 날이어서 외출했다. 남편이 나가자 뒤미처 명희는 작은 여행 가방을 현관 앞에 갖다 놓았다. 방에 있는 시어머니에게 문을 열고 "저 나가요. 점심은 식탁에 차려놓았어요." 하고는 도망치듯이 집을 나섰다.

공항행 버스를 타고 김포에 내렸다. 제주도로 가는 비행기는 만원이었다. 사람으로 꽉 찬 비행기 안 구석에 홀로 앉아서 불안한 마음을 진정시키려고 눈을 감았다. 친구들과 여행을 다녀온 적은 몇 번 있었지만 이렇게 혼자 길을 떠난 것은 처음이다. 남편과 시어머니에게는 미리 말도 하지 않았다. 남편에게 몇 자 적어 그의 책상 위에 놓아두기는 했지만 황당한 느낌을 받을 두 사람을 생각하니 마음이 불편한 것은 사실이다. 시어머니는 아들과 두 사람만 남은 것에 대해 기뻐할까. 명희는 이렇게 하지 않을 수 없었다. 받을 수 없는 상을 받으려고 날이 되기를 기다릴 수는 없었던 것이다. 켜켜이 쌓인 감정을 털어내지 않고서는 더 이상 집에 있기도 어려웠다.

친구의 지인이 제주도 바닷가에 살면서 친구들을 위한 방을 만들어 언제든지 오라고 했다는 이야기를 들은 것이 얼마 전이다. 그때는 팔자 좋은 사람들의 이야기라고 생각했는데, 이렇게 자신이 그 방을 쓰게 될 줄은 몰랐다. 세상일이란 참 묘한 것이다. 명희가 연락했을 때 마침 그 방이 비어 있다고 했다. 그래서 삼사 일 빌려 쓰기로 한 것이다. 펜션보다는 그것이 나을 것 같았다.

오후, 제주도에는 바람이 심하게 불었다. 공항에 내리자 서울과는 다른 열대의 분위기가, 공기와 풍경, 바람이 그녀의 잡념을 날려 버렸다. 가슴이 탁 트였다. 며칠 색다른 경험을 해보는 것도 괜찮다는 생각이 들었다. '내게 그런 정도의 권리는 있어. 효부상을 타는 사람이잖아.' 스스로를 다독였다. 그녀는 택시를 타고 친구가 불러 준 주소로 찾아갔다.

신도시와는 다른 제주 풍경, 전에 친구들과 왔을 때는 느끼지 못했던 풍경들이 그녀의 시야에 들어온다. 한라산의 위용, 섭지코지에서 바라보는 자연의 광활함. 전에는 감탄하기에 바빴으나 요 며칠 속을 끓이다가 온 제주도는 그녀에게 새롭게 다가왔다. 자연에 새삼 눈이 뜨였고 생각할 시간이 있었다. 거대한 자연 앞에 그녀는 작디작은 인간이었다. 백만 년도 전부터 그곳에 있었을 바다에 비하면 자신의 고민이나 고통은 하루살이만도 못한 인간의 문제라는 생각이 들었다.

이틀 동안 올레길을 걸었다. 시간은 느리게 지나갔으나

지루한 줄을 몰랐다. 일생을 통해 이렇게 혼자만의 시간을 가진 것은 처음이었다. 그냥 그 시간을 온전히 즐기자고 생각했다. 아무 생각도 하지 말고 그냥 걷기로 했다.

바닷가를 걸으며 아름다운 풍광을 바라본다. 질리도록 바다를 바라보다가 생각했다. 바다에 파도가 없으면 바다가 아니라는 생각, 끊임없이 달려와 부서지는 파도가 인생과 같다는 생각, 바다가 인생이라면 파도는 인생의 희로애락이라는 생각이 들었다. 하염없이 앉아있으니 드는 생각들이었다.

저녁을 먹고 밤바다에 나갔다. 백사장을 앞에 두고 벤치에 앉아 바다를 본다. 하늘에는 도시에서는 보이지 않던 별이 총총하다.

끊임없이 다가오는 밤바다의 파도는 하얀 이빨을 드러낸 상어 같다. 상어가 자신을 덮칠 것 같아서 명희는 순간 움찔했다. 그것에 잡아먹히지 않으려고 몸을 뒤로 틀기까지 했다. 바다에서 파도가 없기를 바랄 수는 없다. 파도 때문에 바다를 포기할 수는 없다. 파도에 잡아먹힐 수는 없다.

상어의 이빨 같은 파도는 어떻게 해도 막을 수 없는 인습이다. 수십만 년 전 지구가 생겼을 때부터 치던 파도를 어떻게 감당할 수 있을까. 시어머니를 모시고 살아야 하는 이 오래된 관습을 내가 어찌 깰 수 있을까. 내가 가정을 깰 수 있을까. 가정을 깰 만큼 불행하지는 않다.

어둠 속에서 하염없이 밀려오는 파도는 그녀를 작게 만들고 일상을 보잘것없이 만든다. 미움이나 작은 노여움조차 의미가 없다. 받아들이자. 그녀는 파도에 항복하기로 한다. 벤치에서 일어나 서서히 바다를 뒤로하고 숙소를 향해 걸음을 옮겼다.

그동안 꺼놓았던 전화기를 켜서 딸에게 전화를 걸었다.

"엄마! 어디예요?"

딸이 소리를 지른다.

"응, 여기 제주도."

"아이, 멀리도 가셨네. 그런데 잘하셨어요. 어때요. 거기는?"

"뭐, 별일 없어. 그냥 올레길 걸었어. 거기는 별일 없어?"

"아버지에게 써 놓으신 글 보고 며칠 쉬다 오시려니 해서 별 탈은 없었어요. 할머니가 약간 충격을 받으시기는 했지만, 오늘 고모가 와서 노인회관에는 고모가 모시고 가서 엄마 효부상 타가지고 왔어요. 엄마가 갑자기 외숙의 상을 당해서 딸인 자기가 왔다고 하면서 엄마 자랑 실컷 했어요, 고모가. 고모 성화에 나도 갔는데 고모 진짜 웃겼어요. 그런데 언제 오실 거예요? 사흘 후에 나 모임 있어서 엄마 오셔야 하는데."

# 윤상근의 글에서 정채봉을 본다

양재일(시인, 시 전문지 시인정신 주간)

윤상근 님의 수필을 읽으면서 나는 그녀의 감추고 싶은 비밀을 다 알아버렸습니다. 그런데 그녀의 개인사는 그녀만의 이야기가 아니고 우리 모두의 개인사를 돌아보게 하는 거울이었습니다.

자신의 이야기를 우리 모두의 이야기로 만들어버리는 힘, 이것이 윤상근 님이 지닌 문학의 힘이며 문학이 추구해야 할 가치입니다. 그렇다면 윤상근 님의 문학의 바탕은 무엇일까요? 어떤 가식도 없는 진솔함입니다. 그녀의 순수함이 독자의 한 사람인 제 가슴속 옹이를 헐게 하여 눈물을 흘리게 했습니다. 왜냐하면 그녀의 사연은 바로 저의 사연이며 우리들 모두의 사연이기 때문입니다.

그녀의 어머니는 스물네 살에 남편을 잃고 혼자가 되었습니다. 6.25가 발발하자 육군 소위인 그녀의 아버지는 외출을 나왔다가 전선으로 돌아갔습니다. 그리고 얼마 후 당신은 유골이 되어 가족에게로 돌아왔고 어머니에게 남은 것은 세 살의 윤상근과 아버지라는 말도 익히지 못한 한 살짜리 딸이었습니다.

위의 글은 윤상근 님에겐 꺼내고 싶지 않은 옹이이며 저도 발설하고 싶지 않은 부분입니다. 그런데 윤상근 님의 글을 읽으면서 『초승달과 밤배』라는 동화로 우리나라 동화작가의 최고봉으로 우뚝 선 정채봉의 '엄마가 휴가를 나온다면'이라는 시가 부표처럼 떠올랐습니다.

열일곱에 시집온 정채봉의 어머니는 겨우 세 살의 정채봉과 엄마라는 말을 익히지도 불러보지도 못한 한 살의 딸을 이승에 두고 하늘로 가셨습니다.

하늘나라에 가 계시는

엄마가

하루 휴가를 얻어 오신다면

아니 아니 아니 아니

반나절 반 시간도 안 된다면

단 5분

그래, 단 5분만 온대도 나는

원이 없겠다

얼른 엄마 품속에 들어가

엄마와 눈맞춤을 하고

젖가슴을 만지고

그리고 한 번만이라도

엄마!

하고 소리 내어 불러보고

숨겨놓은 세상사 중

딱 한 가지 억울했던 그 일을 일러바치고

엉엉 울겠다."

윤상근 님인들 "숨겨놓은 세상사 중/딱 한 가지 억울했던 그 일을 일러바치고" 펑펑 울고 싶은 일이 왜 없었겠습니까" 두 분 다 소월의 "죽어도 아니 눈물 흘리오리다"라는 시구를 가슴 어딘가에 깊이 묻어두고 그리움을 삭여야 했겠지요.

정채봉의 글에서 어머니에 대한 글이 이 시로써 끝이듯이 윤상근 님의 글에서도 더 이상 아버지에 대한 글은 없습니다.

정채봉도 윤상근 님처럼 세 가족이었습니다. 윤상근 님에겐 어머니가 있는데 정채봉에겐 아버지 자리에 할머니가 있었습니다. 정채봉의 할머니는 손자 둘을 키우기 위해 고향 순천을 떠나 대처인 광양으로 갔습니다. 객지에서 가진 것 없는 노인의 삶은 그대로 지옥이었습니다. 스물넷, 윤상근 님의 어머니의 삶도 거친 사막이었을 겁니다.

비록 육신의 탯줄은 끊었어도 마음의 탯줄은 끊을 수 없는 모성애가 있었기에 정채봉의 할머니와 윤상근 님의 어머니도 어느 여가수의 노랫말처럼 사막을 걸어도 애써 꽃길처럼 걸으려 했을 것입니다.

윤상근 님은 어느 날 가시밭길 걸어온 아흔 넘은 어머니를 요양원으로 보냅니다. 그리고 저도 아흔셋의 어머니를 요양원으로 보낼지 모릅니다.

지난 8월이었습니다. 코로나 덕택에 불효를 감추고 있던 저는 막냇동생 가족과 살고 있는 어머니를 뵈러 갔습니다. 그런데 뜬금없이 어머니께서 저를 오빠라고 불렀습니다. 머리가 하얘졌습니다. 이제 저도 윤상근 님처럼 아직도 마음의 탯줄을 끊지 않은 제 어머니를 요양원에 보내야 할지도 모릅니다.

어느 봄날, 불효자인 저는 꽃구경 가자고 어머니를 속여 당신을 업고 산 속에 있는 요양원으로 갈 것입니다. 치매기는 있어도 아직은 총기를 잃지 않은 제 어머니는 고려장임을 직감하고 일흔이 넘어버린 맏아들 길 잃지 말고 가라고 꽃을 따서 뿌릴 것이고 돌아가는 길에 저는 그 꽃을 주워 주머니에 넣고 돌아와 말려 훗날 제 딸아이가 저를 두고 갈 길에 뿌릴지도 모릅니다.

지난 9월, 윤상근 님의 어머님은 스물네 살 때 당신의 손을 놓고 떠난 남편을 찾아 동작동 국립묘지로 가셨습니다.

정채봉의 할머니는 객지에서 초라한 죽음을 맞았습니다. 정채봉은 대학 졸업 후 샘터사에 들어가 문화부장이 되자 객지에 있던 할머니의 묘를 고향으로 이장합니다. 그는 헛헛함을 위로받기 위해 법정 스님을 찾아 송광사의 말사인 불일암으로 갑니다.

욕조에 물이 차듯 어둠이 계곡을 채우기 시작했습니다. 불일암이 눈앞에 보이자 스님 한 분이 표주박에 약수를 떠 수보시를 하며 목을 축이고 가라며 건넸습니다.

정채봉이 약수에 입을 대자 표주박 속엔 별들이 내려와 깜박거렸습니다. 정채봉은 입으로 바람을 불어 별들을 밀어내며 물을 마셨습니다. 물이 줄어들수록 한곳에 몰린 별들이 조물거렸습니다. 잠시 망설이다 정채봉은 그 별들을 가슴으로 마셔버렸습니다. 별들은 그가 번뇌의 질곡을 헤맬 때마다 그의 마음에 연꽃을 피웠습니다.

윤상근 님의 수필들은 윤상근 님이 독자들에게 건네는

수보시입니다. 그녀가 건네는 표주박에는 그녀의 가식 없고 진솔한 영혼이 별이 되어 떠 있을 겁니다. 독자들은 정채봉처럼 윤상근 님이 띄운 별을 가슴으로 마실 겁니다. 그리하여 세상 살면서 무인도에 혼자 있는 것 같은 날 위안으로 삼을 것입니다.

앞에서 말했듯이 윤상근 님의 수필들은 자신의 사연을 우리 모두의 사연으로 만들어버립니다. 그래서 독자들은 윤상근 님의 글을 읽기 전에 반드시 손수건을 준비해야 될 것 같습니다.

그녀의 글들은 우리 모두에게 인생의 예고편 미리 보여주고 있습니다. 그녀의 글들은 어둠에 묻혀 가는 저녁놀을 당신의 눈물과 섞어 벼루에 부어 마음의 붓으로 그린 그림들입니다. 자신의 글들을 독자들로 하여금 공유하게 하는 것, 그리하여 독자들에게 깨우침을 주는 것, 이것이 문학의 순기능이라면 윤상근 님의 문향은 독자들의 가슴속에 오래오래 각인될 것입니다.